女『民企二代』接班传奇③

千金握印

程继隆 著

中国社会出版社
国家一级出版社★全国百佳图书出版单位

CONTENTS 目录

自序：谁说女子不如男

在中国民营企业交接班中，女“民企二代”接班者不乏其人。她们在父辈们的扶持下，或昂首阔步地已经走上了民营企业经营决策的大舞台，或跃跃欲试地行将接过父辈用心血和汗水打造的企业。这是民营企业繁衍生息的需要，也是民营企业发展的必然选择，更是我国法律规定男女平等的具体体现。

从“民企二代”接班人系统培养的角度来看，男女在能力素质上的要求是一致的。首先，“民企二代”接班人必须接受与家族生意需求相关的高等教育——但目前国内企业很多都没有注意到这一点；其次，“民企二代”接班人最好能从基层做起，或在别的企业里有过打工经历，或者有自己创业的经历；最后，需要在家族企业内部选择“辅导员”，对“民企二代”进行系统培养训练的过程。

在接力中国精英协会的会员中，女性和男性的比例为1∶4。调查显示，对多数企业家来说，优先考虑的是儿子接班，然后才是女儿。在中国的文化传统里，女性被期许的社会角色依然是“相夫教子”，此外，女儿终究是外人。如果接班人是儿子，父母对其接班的愿望可能会支持，但如果只有女儿，期望值就降低了。然而，近些年来，民营企业家族的第二代继承人中出现了不少女性的名字。

而且这些年轻的女“民企二代”企业家起到的作用是很多男“民企二代”企业家无法取代的。据中国女企业家协会副会长史清琪介绍，在中国女企业家经营的企业中，盈利企业的比重比男企业家的企业多7.8个百分点；持平企业也多4.3个百分点；而亏损企业则少12.1个百分点。

因为性别原因，当代女企业家与男企业家的领导风格是不同的。男企业家更愿意运用个人的权力，即个人职位权力去领导企业。女企业家则通过自身的能力和素质去赢得下属的信任，而不是利用职位本身的权力去实施影响力和展现她们的权威。渴望学习，注重深造，用先进的知识充实自己，使自己更加优秀，是大多数女企业家心中坚定不移的信念。她们还能承受压力，肯于吃苦。

在管理和经营过程中，女性相比较而言有自己的优势。男性更偏向自主、独立、竞争，而女性更注重人际交流、相互依存、合作共事，等等。在决策过程中，男性更强调合理性，女性则力求合情。女性企业管理者更符合柔性管理之道。

日前，笔者在考察研究的过程中发现，在"民企二代"接班的大潮中，"民企二代"女性接班人不断涌现。相对于"民企二代"男性接班人而言，作为"民企二代"女性接班人并不逊色，其在管理上的优势是多方面的：首先，她们跟父亲能保持良好交流，不太会出现男性与男性之间的冲突。其次，在待人接物、管理的亲切感、柔性管理、温情管理等方面，"民企二代"女接班人也具有较大优势。因为"民企二代"女性接班人比"民企二代"男性接班人面临更多的新问题，比如家庭压力、与父亲（母亲）相处的问题、企业内部沟通冲突，等等。

在此前提下，培养和选拔"民企二代"女性接班人需要一个过程。这应该是一个父辈"看、帮、带"的过程——如果女儿具备经营企业的素质，那么，下一步可能由她来接手事业；如果女儿不具备经营企业的素质，父亲（母亲）可能选择职业经理人来经营企业，同时在公司的组织结构和经营手段上对职业经理人加以限制，以保证权力不会旁落。但如果这种状况一旦发生，就不能称为一个完整的交接班过程。

美国的一份公开调查：在运通公司提供的小型商业网络调查中，72%的女性企业主在企业扩张行动中达到或超过她们的目标。这些女性"扩张者"对自己的经营能力很有信心。而在中国，能获得实现超越目标机会的女性还非常少。

由于受封建社会男尊女卑思想的影响，在众多"民企一代"的观念里，总是希望自己的儿子接掌家族生意，而女儿出嫁后便成了"外人”（在很多国家尤其是亚洲国家和地区都有冠夫姓的传统）。因此，性别成了“民企一代”甄别未来接班人的第一标准，也是女性接班人继承家族企业的最大障碍。

然而，除了少数幼子尚小而选定爱女为接班人以外，大多数都是由于“民企一代”企业家积极响应我国计划生育政策号召，在他们后代接班人选中没有男儿的情况下，女儿接班就成了他们必然的选择。所以家族企业的后代继承人选偏少，随着家族企业承接时代的到来，自然出现了女性接班人现象。不过，由于“民企二代”女性接班人年龄尚小，有的是刚从海外学成归来，理论知识丰富，管理经验不足。大多仍在父辈的羽翼下成长，尚没有完成实权的交接，至今仍在父母的呵护下成长。

“民企二代”女接班人，她们包容沟通，而不是冲突排斥；她们主张集体领导，而不是个人专制；她们信任采纳，而不是猜疑紧张；她们吃苦耐劳，而不是娇生惯养；她们在参与家族企业运营时，拥有更多的管理优势。在未来的中国民营企业中，那些推动摇篮的手，正在推动中国的财富运转方向，随着女“民企二代”接班高潮的到来，涂着指甲油运作资本的手会越来越多。

两代人重振“明月”

——重庆明月皮鞋有限公司总经理助理周密

周密是重庆明月皮鞋有限公司董事长“民企一代”周大江的独生女，1979年出生，现任重庆明月皮鞋有限公司总经理助理。“明月”皮鞋是重庆知名老字号，但在20世纪80年代末，因受市场大潮猛烈冲击，厂子经营不善宣告破产。1994年，周大江慧眼识宝，筹资百万重振“明月”，苦等了9年，终于摘得其商标注册权。“民企二代”周密，大学毕业后放弃出国深造，跟随父亲一同创业，并矢志闯出属于自己的一片亮丽天空。“民企一代”的周大江，现已年过花甲，他要把企业交给女儿管理。作为“民企二代”的周密说：“因为破产以后知道重庆明月皮鞋厂的人很多。如果你要想重建它，怎么去面对以前的失败，让它变得成功起来？所以在这个方面我们的压力其实挺大的。是因为它以前倒下去过，我们现在把它扶起来，不能再让它倒下去。我要让它继续走下去。如果再一次倒下去，我想再也没有人能够把它扶起来了。”随着“明月”护士鞋、“明月”孕妇鞋的走俏市场，“明月”皮鞋不断有新产品上市，重庆明月皮鞋有限公司的前景一定会越来越好。

“民企一代”的周大江，一生干过两个行业，先是在老明月皮鞋厂当工人、管理干部，后到民生轮船公司负责国际航运业务，最后又回到制鞋业，创办了自己的明月皮鞋公司。现任重庆明月皮鞋有限公司董事长。

创立于1939年的明月皮鞋厂，是重庆知名老字号企业，但在20世纪80年代末，因受市场大潮猛烈冲击，厂子经营不善宣告破产。1991年1月9日，沐60年风雨、曾以月球牌女鞋享誉全国和东南亚的重庆明月皮鞋厂被公开拍卖。这家因经营不善停产两年之久、负债600余万元的国营企业正式关闭撤销。

1993年的一天，周大江到重庆市经委开会，听说“明月”皮鞋这个重庆老字号已闲置了四五年，政府部门有意支持民营企业来重振“明月”。于是砸锅卖铁投进所有积蓄。

1994年，周大江慧眼识宝，筹资百万重振“明月”，苦等了9年，终于摘得其商标注册权。随着“明月”护士鞋走俏市场，周大江的独生女周密大学毕业后放弃出国深造，跟随父亲一同创业，并矢志闯出属于自己的一片亮丽天空。

“明月”被“天狗”吞食了

月有阴晴圆缺。提起国营重庆明月皮鞋厂，重庆人几乎都知道，它在20世纪90年代初曾爆出轰动国内外的重大新闻——破产！随之而来的是这个拥有几十年历史的老厂，一个大家庭式"明月寺"里的"众僧"分散安置，各奔东西，各觅前程……这就是市场经济优胜劣汰自然法则无情的体现，"明月"被"天狗"吞食了！今天的民营明月皮鞋厂，是当年国营老明月厂的十几个老职工在经历了企业破产的酸甜苦辣之后，痛定思痛，为恢复"明月"毅然决然地自筹资金，重新树立起的。他们的领头人就是倔强的周大江。

32岁时，周大江主动放弃了令人羡慕的国有重庆明月皮鞋厂职工的身份，打碎了自己手里的"铁饭碗"，进入了刚刚组建的合资企业重庆民生轮船公司，负责国际航运业务。那时正是国有企业红火的时候，他的离去让一些同事感到不解。

周大江回忆说："因为那个时候改革开放才开始，这个市场到底怎么变化，大家都搞不懂。我们当时刚刚搬了新厂，厂房非常漂亮。只有疯子才从这个位置走。所以他们觉得我会后悔。再加上当时我在明月厂处的位置，是很多人羡慕的位置，在这么好的国有企业工作，居然都不干了，他们以为我只是想到外面去找点儿钱。其实我只是觉得明月的舞台小了点儿。"

与周大江逐渐上升的事业相反，明月厂每况愈下。由于各种原因，从20世纪80年代中期开始，明月厂年年亏损，到1989年年初，已经资不抵债，濒临破产。

尽管此时距沈阳防爆器械厂的破产已经有两年多时间，但沈阳防爆器械厂的破产对重庆明月皮鞋厂的破产却没有起到多大的借鉴作用。最主要的原因是当时沈阳那个破产案件是一种政策性破产。而重庆这个破产案件，恰恰是《破产法》刚刚正式实施不久，所出现的依据《破产法》所处理的第一件破产案件。这当然是截然不同的两件事情。虽然说从原因上、从适用上可能相差并不大，但是这两个破产案件，一个是政策性破产；一个是法律制度上的破产。

尽管有关部门已经做了充分的准备，但作为全国第一家申请破产的全民所有制企业，破产在厂内引起的震动也是当时人们无法想象的。

当时员工们在厂子里面待着，几乎天天有人闹事儿。办公桌是打烂了钉起来，钉起来又给打烂了。门窗连玻璃都没有。整个厂子里一片混乱，当有的人要调转的时候，发现连档案都不全了。档案室都被撬了。各个办公室的办公桌全是打开的。当时非常混乱。因为作为全民所有制企业的职工，当时进厂的时候有这么一个说法，进国营企业都是“铁饭碗”。这一下子把“铁饭碗”给打掉了，所以有个思想转弯的过程。

“作为大名鼎鼎的国有重庆明月皮鞋厂的职工，始终还是感觉有点受不了，一个厂垮了。没办法，大气候到那里去了。因为当时大家从心理上，整个对我们这个国有企业、对我们社会主义国家这种制度、对我们政府的依赖心理，就是‘我是铁饭碗’，无论如何我的饭要从企业这口锅里盛，而企业要从国家这口大锅里来盛。”

20 世纪 90 年代初，周大江在报纸上看到了明月皮鞋厂破产的消息。他说有一种椎心般的痛。这么好一个厂，居然就破产了。非常痛心，也很恨，恨就恨那种不珍惜这个品牌，也不珍惜自己的人。到现在他都不能原谅那些人。

在 14 岁就进入明月厂工作的周大江看来，那个已经倒闭、破产的国有企业并不仅仅是一个他曾经上过班、领过工资的地方，还因为他的少年时代、青年时代都是在明月皮鞋厂度过的，他不是对一种皮鞋，而是对这个企业，对这个品牌有很深的感情。所以他经常说：“有一种明月情结在里面，我是吃明月厂的饭长大的。”

这时候，周大江已经把他的集装箱业务做到了全世界数十个国家和地区，他所在的民生公司也成为全国最大的航运集团。这时，周大江又作出了一个决定，离开民生，重建“明月”。

重建“明月”简直是砸锅卖铁

作为“民企一代”的周大江非常健谈，薄薄的眼镜片后不时闪动着慈祥而练达的目光。“我 14 岁就进厂当学徒工，由于父亲是资本家，成分不好，那年月吃的苦受的罪几天几夜都说不完，现在我最遗憾的是没读成大学。”周大江说，“1979 年女儿出生后，整个情况有了很大的转变。首先是精神上得到解放，业余时间做点私活儿也不怕被‘定罪’。晚上下班后，我都去师傅家接外活儿做。整整一晚上，我可以做两双女鞋，挣 5 块钱。当时我一个月工资只有 50 块钱，每晚挣 5 块钱是多么大的诱惑！女儿的奶粉钱、妈妈的营养费都有了。”

1984 年，重庆民生轮船公司重建，因为周大江的老一辈与民生公司的创始人卢作孚是世交，他被引荐进去，从一般管理员做到分公司经理。1993 年的一天，他到市经委开会，听说“明月皮鞋”这个重庆老字号已闲置了四五年，政府部门有意支持民营企业来重振“明月”。作为老“明月”的生产骨干，周大江心动了。

周大江平静地说：“重建‘明月’的时候，我是砸锅卖铁，投进所有积蓄，一位老友一次就借给我 25 万元。还有重建民生公司的经验，加上市、区政府部门的帮助……”

经过一年多的努力，明月又恢复了生产。过去明月厂的一些老工人又回到了新成立的工厂。尽管品牌依旧，但企业性质却由国有转变成了民营。他们手里端的还是“铁饭碗”吗？对此周大江有他自己的看法。

周大江说：“（饭碗）别人打不破，自己打得破。不管‘铁饭碗’也罢，‘金饭碗’也罢，关键是碗里要有饭，要有内容。这一点，目前我们还在国有企业的员工，都必须引起重视。实际上这个饭，不是谁给你的，是自己给自己添的，自己给自己挣的。作为一个老工人，我想说的是，不管你端的是什么碗，要共同去种庄稼，要共同挣饭吃。这个碗才是真正的碗，哪怕你端的是瓷碗，它都会非常牢固。”

1994 年中秋，新的明月皮鞋厂正式投产了。“公司经历了从站稳脚跟、重建名牌到拥有一个在全国叫得响的知名产品三个发展时期。我们从 1997 年开始开发的‘明月’护士鞋，已在全国市场处于领先水平，是中华护理学会全国唯一推荐产品。”

“民企一代”的周大江坦言，虽然“明月”的品牌树起来了，但企业的发展规模还不大，鞋子年产量保持在 10 多万双左右。他说：“自己快到花甲之年，今后的事业会交给女儿周密来继承。女儿进企业已经 4 年，从基层的促销员做起，积累了一定的实际经验。现在我常常对她说，将来的目标不是发不发大财，而是要有强烈的社会责任感，要对得起厂里两百多号员工。”他透露，女儿结婚时与女婿签了一个特别协议：为了保护明月厂的稳定发展和职工的利益，明月厂的所有资产不属于夫妻共同财产，女婿也不能进明月厂任职。“他们非常理解，现在很幸福。”

旁落武汉 12 年后“明月”回渝

“明月”曾经是重庆市知名字号，在 20 世纪 90 年代初由于企业破产而自然注销。从此，在重庆红火 50 年的“明月”商标消失，武汉一家外贸企业独占“明月”商标。而此时，曾经是重庆明月皮鞋厂老员工的周大江重建明月皮鞋公司，也正想使用此商标，但注册不成。

2007 年 1 月 30 日晚，重庆明月皮鞋公司董事长周大江向《重庆商报》记者独家透露，半个月前，终于获得“明月”商标。

“重庆明月皮鞋厂在 1939 年由武汉搬迁到重庆，新中国成立后，它是国家轻工部在重庆定点的女鞋生产厂。"周大江介绍，在20世纪70年代，结婚时如果新郎送给新娘一双"明月"皮鞋，那新娘就无别的要求了。由此可见"明月"皮鞋受欢迎的程度。

据悉，20世纪80年代末，苏联领导人戈尔巴乔夫访问中国时，带来的采购清单中，重庆就"明月"皮鞋一样产品。

但在1989年年底，重庆明月皮鞋厂破产。国家商标局网站上的资料显示，重庆明月皮鞋厂申请的"明月"商标专用权1994年5月29日到期。与此同期，武汉一家外贸公司也申请了"明月"商标。按当时分类，两商标不在同一类别。武汉这家公司对商标进行了续展。1994年变成了"明月"独归武汉。

老明月是国有企业，其无形资产应该归轻工局管理。新的明月成立于1994年5月，是私营企业。周说，如果使用"明月"商标，就要从轻工局买，所以他只好等其自然注销。

这次"赌博"大意失荆州。"我不知道武汉的企业也注册了，等我注册的时候，国家此时刚推行商标法，压缩了商标分类，武汉注册的'明月'商标刚好和重庆'明月'商标处于同一个类别，无法注册。"周大江说。

"没有办法，只好注册'月球'商标。"周说，为此投入数百万元广告费，仅第一年就投入百万元之巨。他自己亲自去卖场解释，但顾客并不买账。

在无法注册"明月"商标之际，周大江选择了等待：首先，整个外贸行业前景不妙。"从1996年到2003年，我总共去看了武汉这家公司3次，每去一次越发坚定我的信念。""如果买商标，可能会引起对方的注意；如果租借，他们租借费用逐年上涨，我怎么办?"

周大江说，第一次去武汉这家公司的时候是在1996年，感觉这个企业已经有衰败的迹象。"企业人员还比较整齐，但业务少。"1999年，周大江再探这家企业。"对方档案室几乎没有人上班了，这更加坚定了我等待的信心。”而2002年第三次去，该公司几乎是人去楼空了。

2004年年初，对方的商标寿终正寝的时候，刚好是周一，一大早，周大江就到西南商标事务所，递交注册申请书。3个月后，国家商标局的正式受理书下达。“为此，我把厂里面的人喊到一起，喝醉了，还做了一副对联，上联就是‘明月商标还明月，明月更亮’。”

周大江太清楚这个商标的重要性了。这些年，由于没有一个叫得响的牌子，只好转攻护士鞋，商标为“月球”，目前在全国市场处于领先水平，是中华护理学会全国唯一推荐产品。全国二十多个省（自治区、直辖市）600多家大中型医院一直选用其生产的护士鞋。“但在这个细分市场，总量有限。”周大江无奈地说道。

没有半点追求奢华的冲动

作为“民企二代”的周密说：“我从中学到大学，跟多数富裕家庭一样，父母也期望我将来出国深造，然后回国接班。所以，我中学上了外语学校。大学毕业后，又先后在四川外国语大学、北京新东方学校培训了一年半。而我最终没有出国，大概有两个原因，一是父亲的明月厂需要我；二是我在大学就恋爱了，还修成了正果。”

按周密的话说，其实她对要不要出国留学，并没有刻意追求过。因为她的不少同学都出国了，但他们几年后回来时，聊得更多的却是游玩的经历。所以，周密感到，将来有时间出国旅游，还是很方便的。周密是父母三十多岁的时候才获得的“千金”，两位老人自然把她视为掌上明珠。对她的培养煞费苦心，虽然是独生女，但是并没有娇生惯养，而是在大事小事上有意锻炼她的坚强。周密体会到这样的锻炼，对她性格的养成、意志的磨砺，都是非常有好处的。

在5岁时候的一次游玩她现在依然记忆犹新。那次，父亲带着她，靠两条腿登上了峨眉山。每当她喊着要爸爸背的时候，周大江就故意对女儿说："前面有猴子看，还有好多漂亮的蝴蝶。"用这种方法来转移女儿的注意力。果然小周密为了看猴子和蝴蝶就不觉得累了，终于登上了峨眉山顶峰。

上学以后，父亲很注重培养周密的意志品质，让女儿积极参加学校的各种活动。体育运动成了周密的最大爱好，打球、游泳样样通。体育运动不仅强健了她的体魄，同时也造就了她坚强的性格。

现在，周密在父亲的带领下一路走过来，她认为老爸的苦心没有白费。跟随父亲在民营企业摸爬滚打几年后，她深深地感受到："多数民营企业起点都不高，作为'民企二代'接班人，谁先熟悉企业、适应社会、了解国情，谁就会占到先机。父亲甚至说，趁他还不老，可以多带带我，运用他的人脉关系广交朋友。"

周密刚进厂时，父亲常亲自带她进行市场调查。在重百、新世纪等商场的鞋类柜台前一待就是几个小时，跟顾客攀谈，了解各种消费需求。她发现很多孕妇买不到合适的鞋，只有选大一号的，增加了安全隐患，于是萌发了开发孕妇鞋的念头。在收集了许多妇女怀孕后脚的变化数据后，作为"民企二代"的周密，终于研究开发出新产品"明月"孕妇鞋。

回想起这些往事，周密乖巧地说："我像不像个'乖乖女'？从头到脚，只穿几百元的服装，鞋子是自家的'明月'牌，除了工作需要购买了一辆日产阳光轿车，我真的没有一点追求奢侈豪华的冲动。父母当年吃了很多苦，并不需要我这一代夺回损失。现在我分管新产品开发和销售，按业绩领取工资和奖金。在厂里，我和父亲都是以姓名和职务相称，回到家里，才能真正享受到天伦之乐。"

“还债”是一个未了的心愿

周大江曾经是重庆明月皮鞋厂的职工，但是，在明月皮鞋厂这个“铁饭碗”被打碎以前，周大江自己主动打碎了手里的“铁饭碗”。

20世纪60年代初，周大江进入国营重庆明月皮鞋厂工作，成为令人羡慕的国营企业的工人。那一年他刚满14岁，在皮鞋厂做学徒。

明月皮鞋厂是重庆一家老企业，始创于抗日战争时期。新中国成立后，经过公私合营和社会主义改造，明月皮鞋厂成为新中国的首批国营企业。经过几十年的发展，这家工厂逐渐成长为国家轻工业部的骨干企业，拥有员工近千人。

正因为工作在明月皮鞋厂，周大江对皮鞋有一种特殊的情结。但是，在过去物资匮乏的年代里，对于普通老百姓来说，拥有一双皮鞋却是一件奢侈的事情。

周大江穿的第一双皮鞋，是他上小学时的一个女同学送的一双旧皮鞋。1954年至1960年，他在私人设立的达育学校（重庆市渝中区第二实验小学前身）接受了平生中仅有的6年正规教育。

1958年的冬天，周大江正读小学四年级。其时气温降到零摄氏度，打着赤脚来上学的周大江冻得不停地在教室里跺脚，班主任周玉琴老师立即动员班里的学生互相帮助：“家境好一点的，就送双冬鞋来吧，帮助周大江过冬。”因为处于困难时期，大多数同学家里都不富裕，所以应者非常少。

“我那时成分不好，家境很差，我念书就没交过膏火，几乎很少穿过鞋。”但周大江没想到，当天下午，一名姓何的女同学带来一双女式皮鞋，他试了试，还真合脚。

“就是这双女式皮鞋，穿在我脚上，温暖了我整个冬天。”周大江说，这份温暖和感动一直留在他心中。

当周大江成年了，有了自己的公司，生意也做得风生水起时，他脑中总会闪现出那位女同学送他鞋穿的情景：用牛皮纸包着的一双小皮鞋，短毛软密，用手一摸，格外有温度。

每逢同学聚会，周大江都要打听那位女同学的下落，大家多方探询也没有结果。即将到来的重庆市渝中区第二实验小学世纪华诞，周大江觉得这是一个“还债”的好时机。多年未曾谋面的小学同学，都将受邀出席这次盛大庆典，周大江希望借此机会找到这位女同学，带她到自己的皮鞋工厂里转一转，顺便挑几双皮鞋。

“还债”是“民企一代”的周大江未了的心愿。“民企二代”的周密最能读懂父亲的情感。

经商需要智慧

——瑞丰实业有限公司总经理周赛珍

周赛珍是“民企一代”瑞丰实业有限公司创始人周岩龙的长女，1971年出生，1997年接手公司管理，现任瑞丰实业有限公司总经理。对于“民企二代”的周赛珍来说，从父辈手上接过企业经营的大旗，不是一件轻松的事情。她曾经的想法也许代表着不少“民企二代”最初的理想：“我原想可以开个花店或图书室，45岁能退休，做自己喜欢的事。在个人生活方面，要多留些个人时间，做些自己喜欢的事。同时希望与父母、孩子、家人一起多聚聚。但当你看到能为那么多人提供就业岗位时，突然觉得自己担子很重，一种责任感油然而生。”在“民企二代”周赛珍的领导下，温州市日丰工贸有限公司更名为瑞丰实业有限公司，同时成立温州市瑞丰建材有限公司和瑞丰装饰工程有限公司，涉及制造业和配套服务业，企业呈稳健运行态势，业绩增长良好。商海搏击在温州，全凭胆识与智谋，直将风云收眼底，运筹帷幄在心中。由于周赛珍的足智多谋，瑞丰实业有限公司在每一次的市场洗礼中都抓住了机遇，获得了一次次发展，创造了一个个奇迹。进一步完善理顺集团化运行的架构。实行总经理负责制。瑞丰实业有限公司已由当初的十几万元，成长为超亿元的成长型企业。

周赛珍的父亲“民企一代”周岩龙创办的温州瑞丰实业有限公司前身——温州市日丰工贸有限公司，创建于2000年。早在1984年，它还是龙隆油漆小店，历经黎明油漆化工经营部、五交化公司、顺发油漆化工公司……仿佛一颗璀璨的明珠，在东海之滨冉冉升起！瑞丰公司是一家集代理销售、采购、贸易、工程、投资、运输等多元化业务组合的现代民营企业。公司通过与国内外多家知名品牌的长期合作，逐渐发展成为浙江地区涂料行业最具规模的龙头企业。

公司经多年发展，于2004年成立浙江日丰工贸有限公司，2005年整合三家公司，实现股份制转型，并开始发展连锁加盟事业。2006年起连续多年被评为诚信民营企业，2007年被评为温州特许连锁放心品牌，2005年至2008年连续多年被评为浙江省AA级重合同守信用单位，连续两届获得消费者信得过单位。2009年10月日丰工贸变更为瑞丰实业有限公司并成立具有二级资质的瑞丰装饰工程有限公司。2009年5月成立瑞丰建材有限公司，向多元化集团发展。

公司销售的主要产品有“嘉宝莉”、“多乐士”、“赫迪”牌涂料、油漆及各种辅助建材。主要应用于工业、地坪、桥梁、工程、家装、家具等行业。近年来，公司承接的大型工程有温州市体育馆、中瑞曼哈顿、滨江美景园、黄岩1号商业街、常州博物馆、呼市首府广场、天津老城乡旧城改造等数千个优质工程项目……公司秉承“引领环保，美化生活，传递品质，成就梦想”的企业使命和“专业、诚信、关怀、共赢”的企业理念赢得了市场和客户的普遍认可与信赖。

高考落榜帮父亲经商

如果上过大学，现在的生活会怎样？未能实现大学梦，是周赛珍的一个遗憾。当她静静地坐着思考的时候，根本不像是一家年销售额上亿元企业的掌控者，更像是一位知性女人，平和优雅。“我自己的打算，希望在3~5年后退休。”她笑着说道。

何出此言？这位1997年就从父亲手中接手公司事务的“民企二代”说，她需要腾出时间来思考企业的发展，不陷入杂务才能学习。而且，她是女人，是爱美的女人，她需要更悠闲一些的生活。

周赛珍有三个妹妹，两个弟弟。父亲周岩龙为了养家糊口，开起了油漆小店。老周生意做得不错，规模逐渐扩大。周赛珍课余时间也帮父亲看看店、送送货。高考时，周赛珍落榜了。父母劝她复读一年再去考大学，周赛珍却决定：算了，先帮父亲干个七八年，再去读大学。

她当时只是想帮父亲好好打理油漆店，让家庭生活得到一些改善，根本没有把这个油漆店做成什么大公司的志向，但油漆店却越做越大。已经无法从企业脱身的周赛珍，在30岁左右才彻底放弃了大学梦。

虽然父亲把油漆小店打造成了浙江甚至华东地区的墙面漆经销龙头企业，自己也在公司从基层做起直到全面负责，但她偶尔会想象，如果当时继续复读考上大学，现在的生活会是什么样，自己管理公司的能力是不是又会不一样，想起这些她会有些心酸。

父亲理性，她感性。周赛珍认为产生这种区别最根本的原因，是她朦胧的文学情结。这种情结甚至影响着她的经营举动和管理风格。她曾仰慕客户的作家头衔，也曾请过历史教授做企业顾问。

当初日丰工贸选择涂料品牌代理时，周赛珍和父亲等公司一班人在仔细地挑选、比较各品牌产品。有一次周赛珍拿到了嘉宝莉公司老总的名片，发现名片上有“中国作家协会会员”的头衔，她顿时起了仰慕之心。之后接触这位老总时，她又被对方的文人气息吸引，马上对这个厂家和品牌产生了强烈的认同，迅速决定与之合作。或许就是那时，周赛珍发现，原来自己做生意还带点“文学青年”气质。

更让大家惊讶的是，别人的企业请的顾问都是经济管理方面的专家，周赛珍请的却是一位历史专业教授。她让这位教授来做企业管理、企业文化提升方面的工作。喜爱古诗词的周赛珍还去学国学，她觉得自己需要从国学中汲取中国传统文化，提高自己的修养，以更好地发现问题、驾驭企业。

与作为“民企一代”的父亲一起共事，有时两代人的处事方式有分歧。父亲周岩龙说话办事风风火火，往往掺杂了许多情绪。而周赛珍偏向于宁静致远，喜欢练“内功”。

在周赛珍接手公司事务后，公司从原来的批发式营销，逐渐转向专卖形式，并形成了专卖、加盟商网络、专供家具厂、工程项目这样四种营销模式，实行精细管理。

显然，周赛珍与父亲在公司具体事务处理上会有些小分歧。当初日丰工贸拿下某品牌浙江省总代理，却被厂家强烈要求放弃其他地区的市场。父亲非常愤怒，一定要去找厂方说理。周赛珍认为，倒不如先把温州市场做好，让厂家重视自己。她说服了父亲，在温州实行专卖等精细服务，努力让客户离不开自己。结果温州市场成为这个品牌的市场榜样，厂家不仅把更多地区的经销代理权交给了日丰，还把全国代理商会议移到温州，让代理商们学习温州榜样。

涂料行业基本是男性的世界，周赛珍觉得自己的性格，或许并不适合做企业。

2007年，感觉驾驭公司遇到了瓶颈的周赛珍，苦恼之余给自己放了将近一年的假，跑到杭州过起了差不多自我封闭的日子。将近一年的时间里，她每天看看风景看看书，静静地想问题和思考解决方法。封闭的假期结束后，周赛珍回来成立了浙江日丰工贸有限公司，之后，她还决定把业务开拓到工程项目上去。

不过这样"奢侈"的假期并非每年都有。周赛珍说，最好的办法就是培养家里其他的兄弟姐妹赶紧顶上来，自己希望能在3~5年后退休，只负责企业的发展思路和方向，而不要牵涉具体杂务。这样，自己既有充分的休闲、学习时间，又能有更多时间练练瑜伽、形体，让自己更漂亮一点。

厂商不敢怠慢代理商

温州日丰工贸公司本着美化城市的理念，诚信经营，在广大消费者中声誉很高。现代住宅装饰过程中的公害污染越发引起人们的重视，绿色住宅、环保住宅的呼声也越来越高。温州日丰工贸公司正式引进的粤产嘉宝莉等品牌涂料，系采用先进技术生产的无毒绿色建筑涂料，开创了温州市新型无公害化住房装饰潮流。日丰公司连年获得温州消费者协会授予的"消费者信得过单位"称号，在温州市建筑装饰行业协会组织评选的"信用企业"活动中，日丰成为38家获奖企业中的唯一一家涂料企业。

温州日丰总经理周赛珍介绍，日丰的合作伙伴嘉宝莉公司是一个很有活力的民营企业。到目前为止，嘉宝莉是涂料行业唯一一家囊括三大国家级荣誉的涂料企业。坚持环保宗旨、加大科研投入、保障产品质量、继续扩充市场网络，探索新的营销模式，加强样板市场的经验交流，嘉宝莉具备了强势的企业密度应对未来的市场攻坚战。公司的科研机构每年都能开发出新产品，生产的涂料产品除符合国家环保标准外，部分指标达到欧盟的标准，这些新产品为老百姓美化生活创造了条件。现在嘉宝莉公司已成为亚洲“水性漆”最大生产基地。

中国加入世界贸易组织五年过渡期过后，国外大型跨国涂料企业长驱直入中国市场，涂料巨头们掀起一轮又一轮的市场争夺战，在失去市场保护之后，当前数量众多而规模普遍偏小的国产涂料品牌阵营，如何实现迅速扩张并持续稳健发展？随着新的战略目标与市场策略的构筑，“嘉宝莉”国产涂料的雁阵“头雁”角色日益明显，通过提升核心竞争力，赢来了国产涂料的春天，正致力于涂料行业的规范化、规模化、良性竞争。“嘉宝莉水性木器漆”、“嘉宝莉第三代 BB 森林氧吧儿童漆系列”、“嘉宝莉零 VOC 乳胶漆”以及“嘉宝莉自然漆”四大类高端环保涂料产品系列以优异的产品品质与服务市场的企业理念，证明了国产涂料品牌的生命力。周赛珍表示，日丰将与嘉宝莉一起，积极倡导行业规范，强化专业涂装服务，更好地满足客户需求。

都说厂商和代理商是共荣共存的利益共同体，但是他们之间并不会全然保持共荣的关系。随着营销方式的多样化，为厂商开拓市场立下汗马功劳的代理商，所拥有的渠道优势变得不再明显，即便强如上海国瑞信钟表这样的老牌企业，2008 年时也被万宝龙单方面强行收回了代理权。而如 Coach、Chloé 等品牌，近两年也先后从中国代理商手中收回了零售业务。温州也有不少看似强势的代理商，近年被厂商“摘了果子”后才发现，自己其实很“虚弱”。

但同样是代理商，做了“嘉宝莉”涂料 20 来年温州地区代理商的温州瑞丰实业，多年前把所代理的区域产品做成全国营销业绩第一名并保持至今，厂商始终无法也不愿直接取而代之。这家代理商如今不仅是厂商重要依靠的国内四大“诸侯重藩”之一，还强势到让厂商把全国营销会议放到温州来开。那么，温州瑞丰的诀窍何在？

龙方工业区纺织路边，一幢六层大楼很难让人特别注意。这幢大楼和其主人温州瑞丰实业有限公司，是“嘉宝莉”、“多乐士”等多个大牌涂料品牌厂商绝对重视的温州地区大本营，更是其他诸多有意开拓温州市场的涂料厂商想要重点攻克的堡垒。

瑞丰实业及其前身日丰工贸，已在涂料行业经营了近30年，从街头油漆小店一步步发展到如今浙江甚至华东地区的涂料经销龙头企业，在与厂商的共存中处于主动强势的位置。

不过，"嘉宝莉"当年的态度可与如今大不一样。1992年，为了顺利争取到"嘉宝莉"的代理权，当时只有20多岁的现瑞丰实业总经理周赛珍特地拎着一大袋数十万元的现钞，坐了七八个小时的车，只身来到广东，千方百计找到"嘉宝莉"老总，用诚意和胆识打动了对方。

拿下代理权后几年间，瑞丰实业的前身日丰工贸即把"嘉宝莉"涂料的营销业绩做到全国各区域中的第一名。此后，但凡"嘉宝莉"出新品，温州区域必是推新首选区域之一，厂家不断把最新最好的资源往温州倾斜。6年前，为了表示对日丰工贸的重视和敬意，厂家特意在温州召开全国经销商会议，让其他区域的代理商向温州学习。

"自产"的技术服务不可替代

周赛珍也经常听说本来做得很不错的代理商被厂商"踢走"的信息，多年辛苦开拓经营的市场为厂商做了"嫁衣"，这种委屈既让人愤怒又令人唏嘘。但周赛珍说，她没有这种担忧，因为瑞丰实业的诀窍是，不单单卖代理的产品，还"卖"围绕代理产品开发、设计的各种技术服务、配套等属于自己的品牌附加值，她把瑞丰实业发展成一家集成服务商。

从2000年开始，瑞丰实业组建了一支30多人的技术服务团队，专门为分销商、客户提供涂料的效果调配、应用设计方案等，经销商、客户自己不必再去耗时耗神耗材料设计最合适的效果。此外，企业还专门成立了一个调色中心，提供调配、设计好的效果供经销商、客户自己试验和参考。

此后瑞丰实业成立了装潢装饰公司，根据客户的需求从挑选合适的涂料、设计应用方案到最后施工一条龙承揽，从卖技术服务、卖方案等延伸到了直接卖最终的设计效果。2004 年，其装潢装饰公司获得“建筑装修装饰专业承包三级”资质，2011 年晋级为二级资质。2009 年，瑞丰实业又成立了建材公司，从卖服务、卖技术跨到了建材产品生产，直接卖起了融合其技术服务、应用设计方案的产品。

周赛珍分析，一些代理商轻易被厂商“摘果子”，主要原因还是只简单做一个中间商，仅满足于赚中间的差价，未能创造出属于自己的价值。国内的老字号亨得利钟表，在进口国外高端钟表的同时依靠精湛的钟表修理技术占据市场，数十年来牢牢掌控着多个大牌钟表的代理权。瑞丰实业的模式与其类似。在目前这种情况下，厂商无法让瑞丰实业走开，因为厂商做不到或做不好的，瑞丰实业却在做。厂商也不愿让瑞丰实业走开，因为只有瑞丰实业能保证、保持其产品的市场和品牌效益。

为了增加自己在厂商那里的话语权，减少被取代的机会或在被强行取代时有反制、对抗的机会，一些企业也会同时代理多个同类产品，如国内高端礼品代理商 ALLE，就陆续进驻了 Aurora（奥罗拉）、Montegrappa（万特佳）等 10 多个欧洲书写工具的奢侈品牌。

瑞丰实业除了代理“嘉宝莉”，旗下还有“多乐士”等多个品牌，国内涂料行业第一集团的 4 个品牌掌握了 2 个，实际上也有 ALLE 的“意味”。但周赛珍说，瑞丰实业如今并没有继续扩大代理品牌数量的打算，相反正在取消几个品牌的代理权，目的是集中技术服务力量，增强对优势品牌的服务。

瑞丰实业的决定源自市场的扩大和技术团队之间的矛盾。代理品牌多了，各品牌产品特点又不尽相同，技术团队无法跟上，隐患日生。在技术团队无法快速扩充的情形下，周赛珍认为，必须有所取舍，从而将现有的技术团队力量集中在优势品牌上，继续加强企业的不可替代性。

除了温州区域代理权，强势的瑞丰实业还拿下"嘉宝莉"在杭州、嘉兴区域代理权，2004 年，企业在杭州成立浙江日丰工贸有限公司，开始着力开拓杭州市场。周赛珍表示，杭州市场的操作也要复制温州的模式，虽然难度大于温州，但按照这种模式下来，一定可以水到渠成。

代理商达到的最高层次是什么？周赛珍认为，应该是消费者从认可所消费的产品，逐渐到认可产品的代理商，将产品的品质与代理商的服务品质画上等号，直至只认可代理商的服务品质，先认可代理商品牌再信任其所代理的产品。瑞丰实业的目标也正是如此。

用诚信和智慧引领低碳生活

2010 年 3 月 27 日上午 8 时—12 时，温州会展中心，广东嘉宝莉化工有限公司总裁和瑞丰公司总裁将现身会展现场举办签售活动。凡排名前 50 名的消费者均可以 1 元的价格获得"嘉宝莉"398 元"净味全效"底漆一桶。活动期间消费者到温州地区任何一处专卖店预约订货即可享受全年最低价的优惠供货。同时，凭登记完整的客户资料，可送精美礼品一份，并优惠承接装修工程。

瑞丰公司从小到大，发展虽然不快，但却一路稳健，虽然不够完善，但却不断进步。这是国家扶持、同人齐心协力的结果。

建材行业是中国城镇化建设的主力军，而在全球环境压力倍增的趋势下，社会的环保意识不断提高，行业竞争压力也不断提高，企业的生存与发展再也不是以往简单方式的重复了。科技日新月异，市场更加细分，品牌竞争更需综合实力。为此，瑞丰人审时度势，以发展的理念制订战略计划，积极把握机遇，与“嘉宝莉”、“多乐士”合作，引领环保，美化生活，传递品质，成就生活梦想。

2011年7月30日，周赛珍当选为“诚信温商”杰出代表。

温州瑞丰控股有限公司董事长创业初期，在选择代理品牌“嘉宝莉”时，有一段关于周赛珍女士“以诚换成”的佳话。那时候周赛珍的业务都是在“跑”的。为了能顺利争取到“嘉宝莉”的代理权，她千方百计找到“嘉宝莉”老总仇先生，谈环保涂料的代理权。

仇先生对于一个年轻的女孩能有如此胆识和行为感到十分惊讶，但对于温州市场的潜力和这个女孩的能力，仇先生将信将疑。那个时候，温州企业曾经假劣、拖欠的名声而使温州人面临二次创业的阵痛。“嘉宝莉”老总的疑虑不是没有道理，对此周赛珍也能理解。但是，当她带着现钞和诚意出现在对方面前时，对方无言了。诚意终于换来了成果，周赛珍首战告捷，顺利地拿下了“嘉宝莉”涂料在温州的代理权。

从那以后，瑞丰始终秉承“诚信、专业、关怀、共赢”的企业理念，不断做大做强，并且将“诚信”融入企业制度和员工的行为之中。唯有自己“诚”，方能得到他人的“诚”，这是周赛珍女士对“诚信”二字最朴实的诠释。

2011年8月23日，在温州市女企业家协会四届四次会员大会暨“智慧女性　幸福温州”论坛上，作为“民企二代”的周赛珍说：“经商需要智慧。智慧是一种生活态度，是不断地自我完善，自我肯定与否定，它是社会的需求。智慧是体验出来的，我认为智慧的女性在不同的时期、不同的年龄段都应明确知道自己想要什么，不需要什么。想要的时候，她会努力去争取，不需要的时候，她懂得如何去放弃。所以，智慧女性应该是豁达、自信、乐观、坚强的。”

周赛珍说：“我们曾经很害怕衰老，唯恐别人说我们容颜老去，老态龙钟。但是，上天是非常公平的，一个女人在不同的年龄段有不同的美丽。比如说年轻时健康、青春是美的，在我们这个年龄段，我觉得成熟、智慧、韵味也是美的。我认为智慧的女性第一个要素是爱自己，只有爱自己的女人，才有能力去爱别人，影响别人。爱自己的女人才可以做到包容自己的缺点，宽容自己的过失。同样，一个智慧的女人要热爱运动，只有经常运动才能保持健康的体魄、良好的状态。此外，我们还要热爱阅读，经常接受新鲜的事物，以弥补后天的一些不足，这样一来，女性自信的魅力就会散发出来。"

周赛珍说："作为新时代的知识女性，我们现在已经具备能力去关爱需要我们关爱的人。我觉得我们有义务去帮助他们，善行无止境。我接管公司以来一直推行大爱、包容、亲和、快乐的管理理念，努力把企业打造成有幸福感的企业，努力让我们的员工快乐地工作、幸福地生活。我们还应该做一个有良知、有责任、有担当的企业家，这是非常要紧的。善行需要坚持，我有一个呼吁，希望更多的姐妹们携社会有识之士加入到这个团队来，为建设'幸福温州'奉献我们的绵薄之力。"

“冠军”在继承中创新

——康奈集团公司副总裁郑莱莉

郑莱莉，1975年12月出生于浙江温州，毕业于天津财经学院，EMBA研究生，现任康奈集团有限公司副总裁、康奈集团团委书记。任职以来为康奈公司导入了CIS的理念，建立康奈皮鞋连锁专卖体系、导入ERP企业资源管理系统，对企业品牌形象的建设和对外宣传工作作出了积极的贡献，特别是在康奈实施国际化经营战略、建立海外康奈公司及专卖店、打响民族工业品牌等方面发挥了巨大的推动作用，成绩显著。

面对国外反倾销等各种国际贸易壁垒，她提出要主动融入国际，尝试参与国际贸易规则的制定，从而以一种全新的思维去破解国际贸易技术壁垒。面对皮鞋洋品牌大举进攻中国国内市场，她提出中国的本土品牌完全有能力与洋品牌同台竞技，于是，在她的率领下，康奈开始在中国的高档皮鞋市场攻城略地。为了能尽快打造出具有国际竞争力的中国民族品牌，她牵头制定了康奈争创国际品牌的战略，康奈由此成为中国鞋企探路国际品牌的先行者。

郑莱莉虽然是被父亲郑秀康当作"冠军"选手培养出来的"民企二代"，但在1998年，初出茅庐的她，从天津财经学院国际会计专业毕业后，就因为其出色的表现直接被留用在了她所实习的深圳一家知名的会计师事务所。当时的郑莱莉，也想通过努力开创自己的一份事业。但是，那时候，父亲找到她，语重心长地说："现在康奈也同样急需人才，如果连你都不肯回公司做事，那我以后如何说服别人加入康奈呢？再说，迟几年回公司，会损失很多做企业的经验。"就这样，在父亲的劝说下，郑莱莉加入了康奈。

在成长中没有经历太多磨难的郑莱莉，进入康奈后，从车间工人的基层做起，尝尽了每个岗位的辛酸。在下划料车间，她每天要拿着一把大剪子剪鞋帮片料，一干就是几个小时，让从未干过粗活的她手上磨出了水疱。经过一年多的基层锻炼，郑莱莉不仅掌握了皮鞋的生产流程，也对质量管理有了初步的体会和认知，并开始进入企业的管理层，先后担任了总经理助理、广告部经理、营销部经理等工作，直至康奈集团公司的副总裁。

"冠军"是这样成长的

1975年，郑莱莉出生了。因为她出生时，父亲郑秀康正在观看一场体育比赛，最终夺得世界冠军的运动员名字叫"莱莉"，于是父亲就给女儿取名"郑莱莉"，希望她长大以后也能拿冠军。这是 30 年前尚未下海经商的郑秀康对女儿最朴实的期望。在郑莱莉眼中，父亲郑秀康不仅是位优秀的企业家，更是一位慈爱的父亲和优秀的导师。

在郑莱莉的记忆中，郑秀康对子女的慈爱胜于溺爱。直到现在，郑莱莉对童年时的一件小事仍难以忘怀。那还是在莱莉蹒跚学步的时候，有一次想自己爬到床上去，父亲看到后不是把她抱上去，而是拿来一个脸盆在充满好奇心的女儿面前示范，他把脸盆倒扣在地上，让小莱莉先站到脸盆底上，再从脸盆底上爬到床上。小莱莉很快就学会了这一招。一次，脸盆里装满了水，小莱莉把脸盆一掀，倒过来就爬上去了。父亲回来看着一地的水，非但没有生气，反而还乐了。郑莱莉现在回想起来，父亲当初教给自己的不是一个简单的方法，而是影响自己一生的思维方式——创造性思维。今天的郑莱莉有那么多创造性举措也与受此影响有些关系。

除了重视女儿的智力开发以外，郑秀康还非常重视对女儿的品格培养。

身为康奈集团副总裁的郑莱莉这样回忆那次高考："那几天天气凉快，爸爸跟我说别紧张，一定要相信自己。我骑着自行车去了学校，感觉像在进行一次很普通的测验。"

1994 年夏天，温州一中的许多学生都是在父母或爷爷奶奶的陪同下参加高考。由于公司事务繁忙，郑秀康没时间陪"千金"去考场，郑莱莉于是骑着自行车自己去了考场。

对于郑莱莉来说，那场高考并不紧张，但随后等待高考录取通知书的日子很煎熬。

8 月 21 日，百年一遇的特大风暴 17 号台风在瑞安梅头登陆，灾害带来的后果触目惊心。郑莱莉对这次台风印象非常深刻："当时我家住在河边，水漫过家门口的路面，进出都得卷起裤腿、小心翼翼地蹚过去。"

因为台风，她的高考录取通知书送递也耽误了几天。"那时心里很着急，便打电话给几个要好的同学，他们也说还没下来。于是，只好天天盼着邮递员早点出现。"

郑莱莉的个性比较外向，喜欢挑战。她的高考第一志愿报考了国际贸易专业，想以后从事营销类工作。收到高考通知书的当天，她有点意外。因为国家调剂原因，她被天津财经学院会计系国际会计专业录取。她很犹豫：如果上的话，学的会计知识与自己向往的营销不对口；如果不上，就需复读一年。

踌躇之下，郑莱莉决定与家人商量。她的父母说，其实考什么学校、学什么专业并不重要，最关键的还是自己的规划，即使专业并非自己最喜欢的，也可以利用大学的课余时间，选修一些自己喜欢的课程。权衡之下，她选择了上学。

据一些同学反映，郑莱莉在高中时成绩就很好，尤其是英语特别拔尖。上大学后，她的英语专长继续得到发挥，在大学二年级上学期，郑莱莉首次参加英语六级考试就顺利过关。除了完成自己的专业外，她还选修了营销等自己喜欢的课程。毕业时，郑莱莉因成绩突出被学校评为"优秀毕业生"。

大学四年，无论是国际会计专业，还是选修的营销课程，都和企业的财务管理、成本控制、市场运作等息息相关，这为郑莱莉担任康奈集团副总裁，负责营销工作打下了理论基础。

1998 年，郑莱莉刚毕业，就在深圳一家会计师事务所找到了一份高薪的工作。谁知郑秀康听了这个好消息后，却给女儿泼了一盆冷水："你怎么留在深圳？我希望你能回到公司。"

"我回去的话就是为你做事业，在这里就是为我自己做事业。"

父女的这次对话不欢而散。当晚，郑秀康就追到深圳，和女儿讲创业史、家族责任以及今后十年企业走向世界的宏伟蓝图，父亲的话把郑莱莉讲得情绪高涨。在郑莱莉的眼中，父辈艰苦创业，抓住机遇，值得一辈子学习："我自小就以父亲为偶像。"

郑莱莉作为温州民企第二代的代表性人物，与父辈相比，更系统地学习了一些现代经济理论和企业管理知识，这些新的理论和第一代形成了互补。刚进入公司不久，郑莱莉发现许多作业程序都是手工进行，效率不高，还容易出错。于是她向父亲建议，采用先进的计算机技术，在企业内部推行信息化管理。

"从2002年起，我开始主持在公司导入ERP企业资源管理系统。通过几年的建设，在研发、生产、工艺、质量管理和营销等关键环节顺利实现资源优化整合，提高了工作效率和数据的准确性，减少了企业运作成本。"

进入管理层之后，郑莱莉看准全球市场，引进了世界先进的制鞋设备，大大提高了产品制造水平和质量。同时，她带领康奈进军海外市场，在海外设立了研发中心，通过引进和吸收海外新技术，1999年，使之成为"中国驰名商标"。

郑莱莉具有创造性的思维，这种精神曾经使她开创了中国民营企业主动融入国际贸易规则的先河，"破壁"成功与SATRA建立了合作的关系，并为康奈公司导入了CIS的理念，建立"康奈"皮鞋连锁专卖体系、导入ERP企业资源管理系统，对企业品牌形象的建设和对外宣传工作作出了积极的贡献，特别是在康奈公司实施国际化经营战略，建立海外康奈公司及专卖店，打响民族工业品牌等方面发挥了巨大的推动作用，成绩显著。

做皮鞋的车间工

1998年7月7日，完成了在深圳的实习，郑莱莉婉拒了当地会计师事务所的邀请，回到温州。第二天就开始在康奈上班。

大家都理所当然地以为，这位“千金大小姐”会坐进办公室，做个总裁助理之类的。但郑莱莉进入康奈后，并没有直接进入管理层，而是从基层做起。郑莱莉的第一份工作，是下车间，做皮鞋。

做皮鞋的第一道工序是划料，要求细心熟练。排版不好，漏过料子上的瑕疵，都会直接影响后续的工作。郑莱莉是个深度近视，她就戴着眼镜，坐在工人堆里一步一步学习。之后是裁料、贴皮、缝帮、进入流水线等。刚下车间剪鞋帮的时候，郑莱莉拿着一把很大的剪子一天到晚地剪，两只手磨得满是水疱。带她的师傅都心疼了，偷偷向她父亲求情。但父亲不同意换工种，郑莱莉也从没觉得委屈。半年多时间，她就把制鞋流程都基本学了一遍。

“这个过程太重要了，让我明白了一只漂亮的鞋子，是如何制造出来的。”现在，郑莱莉会骄傲地告诉别人，“我还能够从一张皮做起，做出一双完整的鞋！”

几乎是与改革同龄人的郑莱莉，在成长中没有经历太多磨难，反倒是加入“康奈”后，从车间工人到管理员，让她尝尽了每个岗位的辛酸。

1998 年年底，车间工郑莱莉兼顾了公司的 ISO9002 认证工作。

之前，公司一直在做认证工作，但没有很好地贯彻下去。郑莱莉加入这个团队后，立刻组织了相关员工的学习培训，重新整合制定公司相关制度，把整个体系与公司业务结合起来。“那时候挺辛苦的，每天工作到夜里十一二点才回家。”这是郑莱莉第一次涉及管理工作，“管理听着大，但实际上工作经验都是从点点滴滴的小事积累起来的，一件小事没做好，就会耽误很多事情。”比如仓库盘点，因为要求账实相符，一开始仓库的盘点往往要到夜里一两点才能结束，郑莱莉一定是最晚离开的那个。

1998 年年末，康奈最终顺利通过了认证。这件事让初出茅庐的郑莱莉得到了公司上下的肯定。

经过一年多的基层锻炼，郑莱莉基本掌握了制鞋流程，也对质量管理有了初步的体会和认知，开始进入企业的管理层。她先后担任了总经理助理、广告部经理、营销部经理等工作。公司在不断快速发展中，很多部门都是新设或整合的。不同部门的工作经历，让郑莱莉对公司运营有了全面的了解。如今她把主要精力放在了产品营销上。"随着业务的发展，我们的营销体系需要加强，就把信息、广告、销售整合到一个营销中心来。"现在担任营销中心经理的郑莱莉，手下有 5 个部门、3 个分公司和一个子品牌，她同时还负责公司人力资源工作。

营销是个辛苦活儿。郑莱莉也觉得"确实很辛苦"，一年中有大半年的时间是在全国各地出差，"但既然在这个位子上了，就要全力以赴"。目前，康奈在全国已经拥有 2500 家专卖店。

"我始终抱着学习的心态。"刚进企业，郑莱莉觉得自己只是个大学刚毕业的学生，诚惶诚恐，埋头学习；如今当了公司副总裁，她还坚持每月抽时间去北京读 EMBA，"学习让我受益匪浅"。

"康奈的企业精神之一就是'稳健务实，步步精彩'。这对我的影响也很大。"从最初的车间工到现在的副总裁，郑莱莉用了 4 年的时间，一步一个脚印。

有人会认为，郑莱莉今天的成功，是因为她有个成功的父亲。对此，郑莱莉坦言，没有父亲的成功，她不可能年纪轻轻就可以获得这么多机会。"父亲为我搭建了一个平台，让我有机会在这个平台上尽情地挥洒。他是企业的第一代领导，我和弟弟是第二代，我们的事业是在原有基础上进行创造性的劳动。无论父亲选择了谁做接班人，我和弟弟都会尽心尽力地为康奈工作。"

郑莱莉说自己最大的快乐是"有时间可以多陪陪女儿"。从 1998 年进入康奈集团以来，郑莱莉的时间表上，假期只有春节、国庆几个长假。可她也不像女强人。"女强人？呵呵，听起来很强悍的感觉。"眼前的郑莱莉秀气温柔，在女儿眼里，她是个可爱的妈妈；在员工眼里，她始终是那个朴实随和的莱莉经理。

让"温州鞋"走向世界

曾几何时，"温州鞋"成了"假冒伪劣"的代名词。温州的制鞋人都不会忘记1987年8月8日杭州武林广场的"火烧温州鞋"事件。随之国内许多地方也出现了拒卖温州皮鞋的风潮，温州鞋业遭受重创。虽然"康奈"没有做一双冒牌鞋，但依旧被"株连九族"。当时，温州的很多厂家只好选择"借牌销售"的路子。

但康奈却选择了自建品牌。1992年注册的商标，取名"康奈"，代表着康奈人"健康发展、其奈我何"的坚定信念。"康奈"也是中国第一枚人头像商标，昂首挺胸的人物头像，寓意"埋下头认真做事，抬起头诚信做人"。康奈是温州第一家引进机械化流水线的厂家，也正因为康奈的成功经营，带动了温州其他企业纷纷效仿，改变了温州鞋业的手工作坊形象。

1993年，康奈已获得"中国十大鞋业大王"、"中国真皮领先鞋王"等200多项荣誉。郑莱莉说："我们希望把'康奈'做成一个成功的品牌。无论鞋子的产地在哪里，'康奈'就代表着优质。"而她的目标，已经不仅仅是国内市场。"我们要在国际市场上，与国外鞋业同台竞技。"

2001年1月，康奈在法国巴黎开出了第一家海外专卖店。这是中国第一个走出国门的鞋业品牌，引起了国内外舆论轰动。巴黎是时尚之都，康奈原先预计，中国顾客会占60%左右，但几个月经营下来，发现80%是外国顾客。此后，康奈信心大增，相继在美国纽约、意大利米兰、西班牙巴塞罗那、希腊雅典等重要城市开设专卖店。如今，康奈的海外专卖店已达90多家，每双皮鞋的零售价在60美元以上，与国外品牌基本上处在一个价格水平。

郑莱莉说："进入国际市场，就必须遵守国际规则，我们不能光依靠价格优势。"因此她特别注重企业法律意识、全球意识、市场抗风险能力的提升。

2004年9月，康奈与英国沙雀技术研究中心（SATRA）订立了全面合作协议，借助这家全球最权威的鞋业研发、检测、认证机构，得以参与今后有关国际鞋业贸易的规则和技术标准的制定。"我们希望到国际市场与国外企业竞技，但目前还做不到引领时尚潮流，那就先融入这个环境，然后再想办法超越。"郑莱莉说，将来的竞争会越来越规范，"像奥运会的跨栏项目一样，我们不能说因为中国人个子小，就要求把跨栏的高度降低。我们遵守这个标准，同样可以出刘翔这样的金牌选手"。

国际意识令康奈成功地避开了"西班牙烧鞋"事件的冲击。"我们不做低价批发，'康奈'是专卖店。"在国内很多企业频繁遭遇贸易壁垒时，康奈集团主动融入国际环境，走出了"忍气吞声绕开走"、"针锋相对搞游说"、"不惜成本技术攻关"等传统应对方式之外的第四条路。

温州的企业大部分是勤劳致富的家族企业。郑莱莉认为"家族"不是企业发展的瓶颈，"很多国际知名公司都是家族企业。家族企业有很多优势，比如决策速度很快，方向变化可以很灵活，沟通成本低，忠诚度高"。而康奈集团也同样聘用了很多优秀的职业经理人，"现代化管理最重要"。

作为"民企二代"的郑莱莉，她正在努力描绘"创业二代"的新形象。这些"民企二代"大多受过良好的教育，知识比较全面，国际视野也更广阔，国际交流能力和国际市场意识更强。"创业的第一代可以靠机遇、政策、勤劳致富，但企业发展到一定规模，就要求管理的现代化，需要我们这一代人继承父业，共同把事业做大做强。"郑莱莉和她的弟弟成功导入了 ERP 管理系统，精简人员，提高效率，并建立了康奈集团完整的信息网络。

但郑莱莉认为"民企一代"依旧是他们这些"民企二代"的学习榜样。"他们的创业精神、吃苦耐劳精神，都是一笔宝贵的财富。"身为副总裁的郑莱莉，依旧保持着勤俭的作风，"我们这些 70 年代出生的'民企二代'，都经历过不富裕的生活，大多能保持着前辈的勤劳勤俭作风"。

如今，康奈集团已成为中国皮鞋行业的龙头企业，并兼营皮具、服饰、内衣等。郑莱莉说，她的目标是"希望在消费品领域把'康奈'做大做强，通过 10 年发展，成为第一批在国际上叫响的中国品牌"。

她解释说："世界品牌是我们未来的目标。我们不称世界名牌，因为名牌是 LV、菲拉格慕这样的奢侈品，康奈目前致力的还是大众消费。"

郑莱莉说，"民企二代"最重要的是"不能光吃上一代的老本，而要发挥自己的聪明才智，做出新的业绩。"温家宝总理曾寄语郑莱莉："希望你继续努力，把康奈事业做强。"

2000 年 5 月 10 日，时任中共中央总书记、国家主席江泽民视察了康奈集团，并对公司提出了"立民族志气，创世界品牌"的殷殷希望。郑莱莉聆听着江总书记的一席话，一种使命感油然而生。作为温州的"新生代"，她思维敏捷。此后，在多次前往欧美发达国家考察时，她发现，中国是一个年产皮鞋 80 亿双、年出口创汇达到 40 多亿美元的制鞋大国，但中国皮鞋的平均出口价格还不到每双 6 美元，国际市场也没有中国的品牌。究竟该如何改变这种现状？如何让在国内知名的"康奈"品牌走出去，在全球市场上与国际著名品牌同台竞技，并在竞争中站稳脚跟？

对于进军海外市场应具备的条件，郑莱莉有着清醒的认识。在她看来，明确的发展规划、有效的品牌战略和优良的产品品质是企业实施“走出去”的关键所在。为此，康奈集团陆续投入上亿元资金，引进了世界先进的设备和工艺，大大提高了产品制造水平和质量。同时，康奈还在海外设立了研发中心，密切关注国际皮革市场动态，聘请国际著名设计师参与产品设计。在实施名牌战略方面，康奈集团也同样付出了巨大努力。如今，“康奈”皮鞋是首批“中国名牌”之一；“康奈”商标也于1999年被国家工商总局认定为“中国驰名商标”。“康奈”皮鞋在国内中高端皮鞋市场已经开始与国际品牌分庭抗礼。

经过调查和思考，郑莱莉向父亲提出了“开拓海外市场、实施品牌专卖、打响民族品牌”的海外品牌战略思想。她的这一想法和父亲不谋而合。最后经公司董事会研究决定，占领国际鞋业中高端市场成为康奈集团新的追求目标，已经执掌康奈集团营销工作的郑莱莉则立志要当中国鞋业品牌跻身国际市场的探路人。

为了实现这一目标，在国外开专卖店，让外国顾客“零距离”地认识中国产品，成为郑莱莉走向国际市场的具体操作方案。2001年1月15日，康奈集团在世界时尚之都——巴黎开设了一家50多平方米的皮鞋专卖店，专门销售“康奈”高档次的皮鞋。皮鞋上不仅全部标注“康奈”商标，产地标明中国温州制造，而且该专卖店完全按照国际先进的专卖连锁经营理念进行管理。2001年6月17日，在郑莱莉的精心策划和组织下，康奈集团又在美国纽约以同样方式开出了第二家专卖店。

此后，意大利、西班牙、希腊等国家的一些主要城市也相继出现了“康奈”专卖店，而且一改以往低调开业的策略，主动邀请海内外的媒体、当地政府官员和社会名流，举行隆重的开业典礼。到目前为止，康奈集团的海外专卖店数量已达到90多家。按照郑莱莉的计划，康奈集团在海外开设专卖店的总数将超过120家。

目前，康奈海外专卖店的消费群体也从刚开始的八成华人加两成"老外"，逐步变为两成华人加八成"老外"。随着康奈在海外市场的良好表现，海外消费者正在逐步改变中国鞋业在国际市场上价格不高、档次不高的形象。

女儿对父辈的超越

创业容易守业难。康奈集团的未来落在了郑莱莉的身上。"我们为什么不能成为游戏规则的制定者，从而让别人接受我们的标准呢?"在当时国内一片与国际惯例接轨的呼声中，郑莱莉却有了这样的念头，要从根本上摆脱由欧美等国设下的技术壁垒"圈套"，唯一的办法就是反客为主，让中国企业也成为国际贸易技术标准和规则的制定者，继而掌握贸易规则的主动权并由此突破。郑莱莉开始小心翼翼地实践自己破解技术性贸易壁垒的新思维，而其中最重要的举措，就是与SATRA的合作。

早在2000年，郑莱莉在与同行的交流中就发现，当今鞋类国际贸易技术性壁垒数据及参数多是一些欧美权威组织提供的，而作为世界鞋类生产大国的中国却没有一个机构对此有"话语权"。SATRA是一家1919年组建于英国的全球性鞋类认证和研究机构，其技术标准和测试方法为国际通用认可，在欧盟制定法规和标准的组织内占有席次。世界上许多品牌公司如阿迪达斯、耐克、锐步等都在使用或参考SATRA的技术标准，并要求其供应商使用SATRA服务。

2001年，康奈集团在法国巴黎开设了首家海外专卖店，作为总部位于欧洲的SATRA也由此认识了康奈，并且主动与康奈联系，康奈由此加入了SATRA，成为其重要会员。根据协议，SATRA每年都为康奈提供包括提高产品工艺、产品品质等技术服务。从此，拉开了康奈和SATRA合作的帷幕。

但是这还不够。郑莱莉意识到，解决问题的根本出路在于拥有自主知识产权的科研机构，并将这些研究成果和数据用自己的"声音"传递到SATRA组织中；同时，SATRA也意识到中国这个巨大的市场，希望在中国推广自己的服务。所以康奈集团在2004年年初进一步提出与SATRA合作建实验室的建议后，双方很快达成协议。按照协议，康奈集团除将在SATRA的技术服务下，投资1000万元在国内建立一个具有世界一流水平的鞋类研发认证实验室，研发世界最新鞋类技术、工艺和环保标准等外，SATRA还将帮助康奈集团跻身国际贸易规则的制定者行列。在同年9月，郑秀康提出了一个更为高瞻远瞩的设想，那就是在该实验室成为国内制鞋行业顶尖研发机构后，康奈集团随时准备接受国家有关部门的委托，帮助制定中国的鞋业贸易技术规范。

康奈与SATRA合作具有主动性、科学性和可操作性。就像请了"洋教练"，让康奈参与到鞋业国际标准的制定中去。

对于生产快速消费品的中国民营企业而言，语言、文化的隔膜都成为其海外立足的先天弱势。郑莱莉选择了一条捷径。她把眼光放到了海外华侨的身上，由那些具有一定经济实力、经商能力和社会资源的华侨代理"康奈"品牌，同时康奈开始尝试直接打入欧美发达国家。2001年，康奈在法国巴黎开出海外第一家品牌专卖店，这也是中国鞋企海外开设的第一家专卖店。接着，康奈按照既定策略推进国外连锁经营，在欧美一些国家的重要城市开设了越来越多的专卖店，目前康奈已经拥有90多家统一形象、统一价格、统一品牌的专卖店，采用了清晰的产品和价格策略。在中国皮鞋平均出口价不到6美元的情况下，康奈的出口价却保持在60至150美元之间，康奈终于引起了海外同行的关注。在皮鞋王国意大利，一份报纸报道了这家来自中国的皮鞋企业，"那篇报道的标题是'狼来了'，作为国际鞋业之国的意大利，竟然把康奈的进人看作狼来了一般恐慌。康奈也让国外企业尝到了中国企业在面临外企竞争时常有的感觉。”郑莱莉不仅赢得了国际市场和同行的尊重，也感到扬眉吐气。

作为“民企二代”的郑莱莉对父辈的超越，体现在创新和对高科技的利用方面。从2002年起，康奈上马ERP企业资源管理系统，后者帮助康奈把全球的销售系统联系在一起，无论是在北京还是在巴黎，“任何一家店有什么动态，集团公司各部门立刻就能够掌握详细的情况，作出相应的部署。”

信息化建设要根据企业实际情况。比如康奈集团是一家以制造见长的鞋业企业，并且产品是市场竞争中最重要的武器，所以在信息化建设中康奈采取了先易后难、先生产后管理的做法。围绕企业的核心工作，即生产领域，从引入相对简单的软件系统入手开展信息化建设。

如今，康奈集团已经成为一个名副其实的家族企业，因为不仅郑秀康的儿女，还包括他的女婿和儿媳也都加入了康奈。这些家庭成员，各自独立负责康奈某部分的业务领域。郑秀康作为总裁统领康奈集团，毕业于英国莱斯特大学皮革专业的儿子郑莱毅主管产品开发，而经验相对丰富的女儿郑莱莉主管市场销售，而2004年刚刚加入康奈的女婿则主管服饰业务。

而康奈下一步要面对的一个重要问题是所有家族企业无法回避的，那就是接班人的问题，特别是在郑秀康的儿女都参与了企业经营的情况下，接班人问题就更引人关注。目前，郑莱莉卓越的企业管理能力、先进的国际化经营理念和争创世界品牌的战略思想，使她成为“财富第二代”中的佼佼者，也成为女性管理者中的成功典范。“无论父亲选择了谁，我和弟弟都会尽心尽力地为康奈工作。李嘉诚80多岁了，还在统筹全局。而父亲才50多岁，精力还很旺盛。”

郑莱莉和康奈集团正在尝试为中国企业的海外之旅设计某些航标，特别是在反技术壁垒的过程中，家族企业出身的康奈战绩不俗。“家族企业是一种好的企业组织形式，它具有决策灵活、沟通便捷、忠诚度高等优势。但是如果家族企业不能建立起现代化企业管理制度，就会给家族企业发展带来障碍，包括优秀人才的难引进、难留住等。所以我认为，在家族企业的管理中关键是要避免家族式的管理，要尽快建立一套规范的、符合企业实际的现代企业管理制度。”

家族企业传承中的最关键问题是领导权的有效过渡。所谓有效，是指继任领导者的领导权能够得到旧部属或者非家族创业成员的认同。当前的游戏规则与父辈时的已经有显著的不同，年轻的领导者虽然按照治理结构获得法定权，但要令它发挥出充分的作用，就必须借助其他的权力来源。最常见的是专长权。无论在知识技能方面，还是在视野和思路方面，继任领导者都会与第一代领导者存在显著差异。继任领导者要做的事情就是要抓紧时间建立新工作思路与未来成功的关联。应该说，“民企二代”的郑莱莉已经迈出了坚实的一步。

创立“破壁”新思维

西班牙焚烧温州鞋、俄罗斯没收温州鞋、罗马尼亚扣留温州服装，阿根廷立案调查温州眼镜反倾销……郑莱莉在国际商务活动中强烈地感受到，中国加入世界贸易组织后，温州乃至浙江的轻工产品仍受到世界范围内各种贸易壁垒的限制——反倾销、绿色壁垒、技术壁垒等可谓层出不穷。特别是技术壁垒的出现，更加促使郑莱莉深入地思考有关中国鞋业如何理性地面对国际市场挑战，以及如何跨越各种技术壁垒等问题。

正因如此，近年来，康奈集团一直保持与国际著名权威鞋类检测、认证、研发机构 SATRA（国际鞋业贸易商组织研究协会）的密切合作。

SATRA是一家组建于1919年的全球性鞋类认证机构，它代表着世界鞋类认证的顶尖水平。许多品牌公司，如阿迪达斯、耐克等均使用或参考SATRA的技术标准，并要求其供应商采用SATRA标准服务。此外，SATRA还能确保遵照欧洲健康与安全、环境服务等最新立法，协助各国设置ISO、SA（包括SA8000标准）等系列认证系统，在进口国设置有关技术壁垒时，SATRA是其立法调查获取法律证据的重要对象。

在康奈集团与SATRA的合作过程中，郑莱莉产生了一个灵感。既然SATRA是欧盟有关贸易技术法规的制定者之一，SATRA的检测认证标准能够国际通用，而康奈也是SATRA的重要会员单位，那么，作为中国皮鞋行业的龙头企业，康奈有理由也有能力通过这一渠道由被动应对国际贸易技术壁垒，变为主动、积极地参与到国际贸易规则的制定者行列中。一旦成为“游戏规则”的制定者，贸易壁垒的障碍自然不攻自破。

经过郑莱莉的精心策划，SATRA终于向康奈集团伸出了合作之手。2004年9月5日，在北京人民大会堂举行的“康奈破解国际贸易壁垒新思维”论坛上，康奈集团与SATRA签署了《技术服务合作协议》，康奈集团决定投资1000万元在国内建立鞋类研发设计中心，研发世界最新鞋类技术、工艺，积极尝试参与国际鞋业贸易“游戏规则”的制定。

郑莱莉以创造性的思维“破壁”成功，开创了中国民营企业主动融入国际贸易规则之先河，受到国家商务部官员及著名国际贸易专家的一致肯定和高度评价。商务部进出口公平贸易局局长王世春对此评价道：“康奈变被动为主动的做法对国内行业破解技术性贸易壁垒起到了示范作用。”博鳌亚洲论坛秘书长、中国入世谈判首席专家龙永图在评价康奈新思维时强调了三个“新”：一是新在主动性，主动与国际接轨；二是新在科学性，是一种科学的态度；三是新在可操作性，有自己具体的措施与行动。商务部研究员、中国国际贸易壁垒专家梅新育博士则认为，康奈的做法是国内企业在国际贸易中变被动为主动的典型案例。

作为康奈的"新生代"，郑莱莉不仅继承了父亲这一代创业者的勤奋、吃苦耐劳和孜孜不倦的钻研精神，而且能够超越父辈，利用先进的技术和理念不断创新。随着社会的进步和市场竞争的加剧，信息化建设成了提升传统产业竞争力的一个重要举措。作为中国民企的新生力量，郑莱莉从2002年3月开始在集团导入ERP（企业资源规划）系统，大胆改造康奈的系统结构，让康奈这样庞大的家族企业走上了信息化发展之路。

迄今为止，康奈已经在ERP项目改造上投入了资金500万元。该系统通过科学的方法，把企业各种资源进行有效整合，合理计划、组织、控制和调整企业的产、供、销及人、财、物各个环节；特别是用ERP对康奈在全国设立的2000多家专卖店和海外的90多个专卖店实行即时管理。该系统实施后，最大限度地降低了人工成本，消除了生产经营过程中许多无效的劳动和资源浪费。不仅简化了生产管理程序，提高了效率，同时也简化了订货程序，加快了物流速度。ERP系统的实施最终提高了公司人力资源管理的工作效率。

眼下，郑莱莉提倡的信息技术已在康奈集团的生产、设计、商务、行政办公、资源管理等各方面得到广泛应用，如采用三维CAD软件进行鞋样的辅助设计，改变了传统的鞋样设计靠手工放样的历史；采用CAM软件技术进行辅助制造，为生产优质、高档皮鞋奠定了基础。客户订货只需把货号、数量报到公司，由程序员输入电脑，后续流程可以马上显示出来，从接单到生产，只需几分钟便安排就绪，仅生产部工作人员就减少40多人。还有建立企业办公自动化系统，提高了公司行政管理水平。

这两年来，郑莱莉不仅要忙于公司的业务，每月还要抽时间到北京参加长江商学院的EMBA课程。如果有机会，她还将会推荐父亲来长江商学院学习。如今，父女俩正逐渐形成一种在继承与创新之间的和谐与默契。

作为“民企二代”的郑莱莉，年轻而富有创造性，已具有国际化战略眼光，擅长运用信息技术改造和发展传统产业，主动融入国际规则的制定。

“奥运”出尽了丝绸风头

——万事利集团公司董事局执行主席屠红燕

屠红燕，作为万事利集团公司董事局主席沈爱琴的爱女和左膀右臂，她去日本从最底层的工人做起，从缝纫车间到打板车间，到品控部，她身体力行，熟悉了纺织服装业的整个生产流程，日本人严谨的工作态度对她产生了潜移默化的影响。屠红燕说，日本在生产上分工细致明确，流程清晰，各个环节都重视监督，这些都被她运用到了万事利服装公司的管理当中，保证了万事利职业女装的品质。2008年的北京奥运会，让屠红燕舞动起万事利的丝绸大出风头。万事利不仅提供了奥运礼服，还提供了6400条奥运会和残奥会的奖牌绶带和作为国礼的900条真丝方巾，后者由北京奥组委赠送给参加奥运会开幕式的各国和地区元首夫人。屠红燕国外求学归国创业，亲历了欧洲丝绸是如何做到高附加值的，也亲历了中国丝绸在欧洲贱卖的切肤之痛，更懂得中国丝绸提升品质的紧迫感。万事利花大力气自主开发研制了最先进的电脑印花技术，不仅印染色彩逼真，色牢度高而且零污染，她要让杭州的丝绸、中国的丝绸走向世界。屠红燕不但成功带领万事利实现了转型升级，取得60亿元的销售额，更通过北京奥运会、上海世博会、深圳大运会等活动，使中国丝绸以奢华、精致的全新形象进入了全世界的视线。

作为"民企二代"的屠红燕，是浙江省服装协会副会长、工商联常务理事、青年企业家协会常务理事、万事利集团执行主席；同时她还是一个6岁女孩的母亲、一个女强人——万事利集团董事局主席沈爱琴的女儿、一个同样优秀的男人的妻子。

母亲沈爱琴一开始就让女儿屠红燕攻读企业管理类学科，毕业后并没有要求她马上回公司帮忙，而是把她送到日本一家大规模的纺织服装公司研习了一年。

在日本，屠红燕从最底层的工人做起，从缝纫车间到打板车间、品控部，身体力行，熟悉了纺织服装业的整个生产流程，日本人严谨的工作态度对她产生了潜移默化的影响。回到万事利后进步非常快，让沈爱琴非常满意。屠红燕说，日本企业在生产上分工细致明确、流程清晰，各个环节都重视监督，这些都被她运用到了万事利服装公司的管理当中。

子女进自己的企业容易，要想进国际大公司可不是件容易的事，如果有能力，把子女送进世界500强，"偷"点"拳头"回来壮大企业，也是不少企业家培养孩子的方式之一。当年，沈爱琴把爱女屠红燕打发到日本去学习，也是出于这种心理。

万事利集团已发展成为一家集丝绸纺织产业、生物医疗产业、商业物流产业的大型现代企业集团。拥有包括上市公司上海联华合纤在内的近30家全资子公司和控股公司，总资产达25亿元。在"民企二代"的屠红燕接班以后，"偷"回来的"拳头"优势日益显现。2008年的北京奥运会，让屠红燕舞动起万事利的丝绸大出风头。

母亲的"左膀右臂"

屠红燕是万事利集团董事局主席沈爱琴的爱女，被称为沈爱琴事业上的"左膀右臂"。公开场合露面的屠红燕基本穿着职业装，但仍时尚气息十足。她每个月都会去香港购物，并不讳言自己更钟情于国外大牌，比如CHANEL、BUBRRY、GIADA，或者A&D、MAX—MARA。那些职业女装的成熟、干练、帅气而不失女人味的服装品牌是她的最爱，而平时她喜欢选择休闲服装的舒适。她说，自己的着装标准，首先是大方、得体，然后才是时尚气息。屠红燕喜欢穿黑白细条子的品牌T恤，白色中式裤，一头卷得有型的短发，显得时尚、自信、大气、精干，充满了知性女性的美丽。

在她读书时，目标就很明确：帮妈妈分担事业的重任。她选择的是深圳大学的企业管理专业，毕业后专门到日本一家大规模的纺织服装公司研习了一年，潜移默化学到许多先进的管理方法。

"假如我再有一个儿子，那我就不好安排了，还是生女儿好。"沈爱琴说。

屠红燕说，因为自己的成长经历与妈妈那一代完全不同，所处的社会环境也起了很大的变化，所以她和妈妈处理问题完全是两种风格。谈起妈妈沈爱琴，屠红燕充满了敬佩和自豪，她说妈妈有拼劲、有闯劲、有决心、有毅力，就是凭着这些特质，成就了今天的万事利。现在，妈妈仍然是整个万事利的战略指挥家。

不同于上一代的亲力亲为，屠红燕更重视用人、重视管理、重视市场调查和事先计划。屠红燕说，公司目前已经完全进入了市场化的轨道，很多高层管理者和财务人员都是招聘市场上的能人来做。自己的丈夫其实也是职业经理人，他现在作为万事利的总裁，占有比自己更多的股份。

万事利集团有限公司前身为杭州笕桥绸厂，创办于1975年。从资产4万元、负债累累的小厂，到如今15亿元资产、多行业涉足的大型企业，30多年创业历程，有起有落，沈爱琴没有放弃丝绸，丝绸也没有放弃她，丝绸产业始终作为万事利集团的主攻产业，并成功打造出丝绸第一品牌的响亮名声。经过近30多年的发展，现已成为一家以制造业（丝绸、纺织服装、生物科技）为主业，服务业（医疗、图书、电子物流市场、南方家园物流市场）为支柱的国有大型企业。

30多年的励精图治，30多年的锐意进取，造就了万事利集团在中国丝绸业界的辉煌。“万事利”商标在1999年被国家工商总局认定为中国驰名商标，这也是国内丝绸行业唯一一个驰名商标。2004年8月，万事利真丝绸被中国名牌推荐委员会认定为“中国名牌”。2005年1月13日奥组委正式批准万事利集团为特许经营商，奥运会经济在万事利集团与传统的丝绸产业交相辉映，万事利丝绸从万事利走出国门，走向了国际。

屠红燕通常这样安排时间：“一般是每天工作10～12小时，但无论怎么忙，一个星期8个小时是一定要给女儿的。星期天没有特别情况，就做一个纯粹的妈妈。”母亲、丈夫都在一个公司，所以日常起居都比较了解。“出差的时候，我会给妈妈买点东西，平时在单位，有时间就一起吃饭聊聊天。”忙碌于职场和家庭，同时扮演妻子、女儿和母亲三种角色，对屠红燕来说是一件幸福的事情。“我有些贪心，事业和家庭两者都想要，因为家庭的幸福才是女人最大的幸福。”

当然，不管怎么样，一个身兼数个角色的女人总是辛苦的。屠红燕说，在公司里有压力，有忙不完的事，但很充实。丈夫和她一起工作，性格互补，配合还算默契。最头疼的时候就是工作中的角色转换。因为妈妈是董事长，她是执行总裁，所以经常有问题要讨论，“意见不统一的时候，妈妈喜欢用妈妈的身份，我也常常用女儿的身份，搞得工作、生活都有影响。"

尽管母女俩一直都在努力摆正位置，工作归工作，生活归生活，但这种身份的转变确实不容易。"现在我也是个母亲了，反而更能理解和欣赏母亲。"屠红燕说，她和妈妈处世风格完全不一样，但妈妈却是她最崇拜的人。"我知道妈妈有时候也尽量放手让我去做，她现在把所有家庭成员的生日都记下来，每个人的生日就成了大家庭日。若不是妈妈那样有心，我们一家人要聚在一起也不容易。"

上一辈喜欢亲力亲为，但屠红燕的目标是5年后聘请职业经理人来管理企业，这样自己就会有更多的时间自由支配。屠红燕说："2008年北京奥运年是提升品牌的好时候，让我们出尽了风头！"

经过不断地探索和实践，目前的万事利集团已形成了丝绸、服装产业，生物科技产业，医疗产业三大产业和图书、电子物流市场，南方家园物流市场两大市场的发展格局。

在丝绸制造、印染历史悠久的国度，在遍地蚕桑、漫天锦缎的江南，那些关于丝绸的记忆，早已不仅仅局限于材质或穿着感受，楼兰传说、文君织锦、西域商贾……恰似一场奢华绚丽的梦幻。丝绸对于国人是挥之不去的文化情结，是绵延千年的思绪沉淀，是曾经华贵生活的记录方式。

当近现代中国丝绸工业屡遇危机、当丝绸产品渐成大众消费、当丝绸贵气与性格要由巧克力广告来表现时，曾在技术与传统上落后于我们的法国、意大利却正在成为全世界丝绸时尚的中心，源自欧陆宫廷的华贵时尚，是否将会侵蚀我们那些关于西域古道、江南街巷的丝绸记忆？

作为丝绸文化成长的摇篮、素有"丝绸之府"之称的杭州，自明清以来，向以高雅上乘的织锦工艺而为世人称道。在杭州为数不少的丝绸企业中，万事利集团因30多年的传统以及日益国际化的潮流创新，成为行业不二的龙头，更有在国内丝绸品牌界问鼎的雄心。

在中国丝绸行业一度面临窘境、国内丝绸企业大起大落、丝绸产品定位渐趋模糊的态势下，万事利的辉煌，是对丝绸从业者的强心剂，也是对传播、推广中国丝绸文化作出的重大贡献。在这两代"掌门人"的身上，有在企业管理上相对激烈的传统与现代理念的冲撞、有对丝绸文化感性与理性的不同分析，但相同的是，她们都在用自己的方式，去重振中国丝绸在国际上的声誉，去复兴那些我们或许已经淡忘了的，由骆驼、珠宝、宫闱营造起的"丝绸记忆"。

丝绸就该是奢侈品

作为"民企二代"，屠红燕一向被看作是在蜜罐中长大的，她是受人艳羡的，也是招人非议的；她是继承传统的，也是力求突破的。

屠红燕承担的压力，并未在她神色间有丝毫流露。和人们熟识的绝大多数"海归"一样，她身上有一种直击事物本质的干练与简洁，又有着企业基层多年工作所积累的经验与沉稳，在对待管理、对待品牌甚至对待丝绸文化上，她的思维并不像母亲一样，有深厚的情感因素，也许正如屠红燕所说，她是如此尊敬母亲，因为母亲在所有事情上的远见卓识令她叹服。而她本人，则更加锐利和直接，也更加理性和新潮。她给万事利集团带来的，不仅是管理体制上的创新，更是一种迈向国际所必需的思维转变。

屠红燕说，万事利集团这几年，每年以近乎翻番的业绩在发展，在地产、医药、物流等多个领域全面进军。

如此不禁叫人疑问：历史发展到了今天，已经没有丝绸情结的这代人，在若干年后，万事利还会将丝绸作为自身的头号产业吗？

屠红燕极其肯定地回答：会！

她的思想超脱了许多感性的纠缠，在她眼中，丝绸文化，是那些千百年来传承下来的中国贵族精神。丝绸的易皱、漂浮、不好打理，种种产品特性恰恰都说明了它的高贵。屠红燕提到在丝绸博物馆见过一件皇袍，需要三年的织造才能成衣。由此，屠红燕感慨，丝绸产品近些年的走低，不是因过于昂贵，恰恰是因为许多商人为了短期效益，降低生产成本，使丝绸成为"大众服饰"，反而失去了丝绸本身的珍贵之处。

因此屠红燕说：丝绸本该是奢侈品。它应该与那些国际大牌享有同样的待遇。人们都会喜爱它、渴望拥有它，而又不应是每个人都可以轻易拥有的。

随着世界范围内对奢侈品消费的潮流推广，随着中国时尚人群的增多，随着国家对丝绸产业体制的放宽，丝绸产业所具备的广阔空间正逐步呈现。因此不管现在还是未来，丝绸将永远是万事利的第一产业。

谈到品牌的打造，沈爱琴和被她形容为"花儿一样女儿"的屠红燕，不约而同地都具有了高度的责任感，在她们口中，万事利是一个品牌，中国丝绸更是一个品牌。一个品牌的打造，是不能短视的，它需要几十年甚至上百年的磨炼、改进、交融。万事利作为中国丝绸第一品牌，喊出"打造百年丝绸品牌"，绝不仅仅是一句口号，而是一种对品牌的深度理解，以及对丝绸行业衷心的使命要求。谈到当今世界丝绸时尚中心的法国和意大利，她们是表示不服气的。万事利的发展，必定是要走出国门，去和所有大牌们一争高下。豪言壮语背后，是对万事利品牌整体能量的信任，是对中国丝绸文化的认同，更是一种中国人特有的坚忍与雄心。

巧借奥运平台

多年来，中国丝绸期盼着回归它高贵华美的一天。它不是小商小贩沿街叫卖的丝绸内衣，也不是1美元就能买到的丝巾。这一天终于来了，世界再次聆听了中国丝绸奏响的华丽乐章。在2008北京奥运会上，万事利集团倾数十年功力精心制作的“青花瓷”、“粉红”两大系列颁奖礼服，吸引了全世界的目光，展现了中国丝绸古老又现代的高超工艺。

作为“民企二代”的屠红燕，一个立志以提升中国丝绸品质为己任的杭州女性，一个借奥运平台向世界展示中国高端丝绸的企业家，她和丈夫倾力传承的万事利丝绸之路，是一条连接古老和现代之路，是一条通往丝绸品质和艺术深层之路。

北京2008年奥运会的15款颁奖礼服中，万事利制作了工艺最复杂、最细致的6款，其中“青花瓷”系列被公认为最富有中国情调。由万事利精心织造的白色素库面料，闪烁着珍珠般纯净耀眼的光芒。蓝白相间的祥云牡丹花样，宛若中国宫廷青花瓷艺术品。6款礼服，从设计、选料到刺绣、制作，共花费125道严格的工序，代表着5000年中华文明之光的丝绸服饰，在奥运盛会上大放异彩。

“礼服制作，倾注了万事利人33年的心血和功力，同时也是一次对中国宫廷刺绣传统文化的保护和挖掘。”

为了将中国最美的刺绣展现在奥运礼服上，万事利历时数月寻遍苏州60岁以上绣娘来制作奥运礼服，其中年龄最大的已经84岁，这些宫廷绣女后代的绣品，传承着祖辈流传下来的宫廷刺绣绝活儿，绣品生动传神，找不到一丝绣点，祥云牡丹图上简洁的渐变色，靠五种色彩的丝线一气呵成，如水墨丹青般流畅飘逸。

“青花瓷”礼服既高贵典雅又时尚个性。屠红燕透露，许多高端客户已闻讯前来定做“青花瓷”礼服。量身定制一套礼服价格不菲，但顾客却认为物超所值。屠红燕曾预言，北京奥运定能掀起中式礼服的时尚热潮，与2001年上海APEC会议掀起的唐装潮流相比，奥运会丝绸中式礼服的影响力辐射力要深远得多。

万事利不仅提供了奥运礼服，还提供了6400条奥运会和残奥会的奖牌绶带和作为国礼的900条真丝方巾，后者由北京奥组委赠送给参加奥运会开幕式的各国和地区的元首夫人。

出身于丝绸世家，小时候见外婆日出而作、日落不息辛勤养蚕，长大了又目睹妈妈办丝织厂忙碌得整日不见身影，前辈对丝绸的情怀一点点沉淀在心中，遂成了屠红燕挥之不去的丝绸情结。国外求学归国创业，屠红燕亲历了欧洲丝绸是如何做到高附加值的，也亲历了中国丝绸在欧洲贱卖的切肤之痛，更产生了中国丝绸提升品质的紧迫感。"万事利花大力气自主开发研制了最先进的电脑印花技术，不仅印染色彩逼真，色牢度高而且零污染，我们要让杭州的丝绸，中国的丝绸走向世界，让杭州丝绸之府美名誉满全球。"屠红燕很认真地说。

"工作繁忙，留给家人孩子的时间实在太少了。"屠红燕感叹。女儿见妈妈整天忙碌不见身影，也曾缠着妈妈陪她玩，但现在小姑娘懂事了，学会自己学习自己玩耍，因为她记得妈妈对她说的：妈妈要上班去了，工厂里有很多叔叔阿姨，如果大家不努力工作，工厂挣不到钱，工人下岗了怎么办？屠红燕说："做企业不仅是挣钱，也要勇于承担社会责任，我用这些价值观来教育孩子，就是让孩子将来更独立、更有社会责任感。"

"一个女人还要善于学习，学习也是一种调剂，是放松的方式，工作、学习、生活三者兼顾，很多现代女性都能轻松做到这一点。"忙里偷闲，屠红燕和丈夫双双攻读完成了浙大EMBA课程，这在浙江企业家中也是不多见的事情。她认为现代企业里，没有个人英雄主义，时势需要打造一支过硬的职业经理人队伍续写万事利丝绸之路。她透露，万事利正在启动五年人才计划，希望利用五年时间培养一支得力的职业经理人队伍。有没有想过五年后的生活？面对着人们的好奇，屠红燕笑着说她很崇拜比尔·盖茨夫妇，希望以后也能像他们一样除了工作，能有更多闲适的心情来做一份有意义的事业。

奥运颁奖礼服美

北京奥运会的颁奖礼服很美，据说是北京服装学院的一位老师设计的图样，再由知名的有实力的企业来加工制作，选最好的料，用最好的工人，纯手工打造，品质当然一流。

杭州著名的丝绸企业万事利，就承接了其中两大系列 6 种款式 400 套礼服的制作。最受关注的“青花瓷”就出自他们之手。

位于机场路的万事利集团，门口已经挂上了一幅很大的宣传画，笑盈盈的奥运礼仪小姐身着“青花瓷”礼服，很是优雅。

屠红燕对这套礼服也是颇为得意，“中国最有名的就是瓷器和丝绸，这款‘青花瓷’，就是这两者的结合，既有古韵，又有现代感。”

屠红燕说，当初奥组委选择颁奖礼服的款式时，几乎一致地选择了旗袍。但是，怎样才能让传统的旗袍做到让人眼前一亮，是最难的事情。

在万事利集团一楼展厅，我们也亲眼见到了这两款礼服，一款就是著名的“青花瓷”，主要用于水上项目的颁奖，而另一款则是华贵的“粉红”系列。

屠红燕抚摩着“青花瓷”上的花纹，语气中有一点点的激动，“你看，这些都是手工一针一针绣出来的，完全看不到针脚。这面料和丝绸一样滑，却有着传统丝绸服装没有的垂坠感，在我眼里，它一点都不逊色于那些国际奢侈品品牌的高级定制服装。”

屠红燕言谈举止中的自信不是没有缘由的，她甚至在我们刚刚造访的时候，就言之凿凿：“你们一定是为‘青花瓷’而来。我自己也很喜欢，只是很遗憾，工期太紧，我都没机会试穿一下。”

自从“青花瓷”问世后，前来探访的媒体就络绎不绝，包括中央电视台。屠红燕每天的时间有三分之二都是接待各路媒体。面对我们的疑问，她的回答显然已是“驾轻就熟”：“一个披肩要花196个小时，一个腰要花148个小时，绣一个会花需要32个小时，绣一个下摆需要218个小时……”

而花大量时间绣出这些精美图案的人，也不是寻常的刺绣女工，而是80多位平均年龄在68岁以上的苏州老绣娘。

说起寻访老绣娘的过程，万事利集团的总经理朱国华很是感叹。他说，当时服装样式定下来以后，公司领导层就决定用“革针绣”以及“盘金绣”这两种手法。“盘金绣”美如其名，各色的金丝从内至外一圈圈盘旋而绣，贵在看不出何处是绣点、何处是针眼；“革针绣”技艺超群，那种渐变的丝线、发散性的间隔绣法让机械绣望尘莫及。

这两种绣法，曾经是宫廷服装的专用刺绣手法，因此又被称为“宫廷绣”。而传说中会“宫廷绣”的绣娘，只有苏州才能寻到，而且全部都是上了年纪的老绣娘。

于是，屠红燕派出了一个庞大的搜寻小组，直接到苏州的刺绣名村蹲点。经过半个多月的打探，最先找到的是一个84岁的老绣娘，通过她又依次结识了73岁、68岁的绣娘，还找到了为日本公司刺绣的绣花站，通过“绣花站”的帮助，终于召集了江、浙的80多位绣娘，这样才组织起了一个刺绣团队。

一听说即将面临失传的“宫廷绣”要出现在奥运礼仪服饰上，老绣娘也是打起精神，推掉了手中其他的活儿，一门心思地绣衣服。终于，只花了40多天，便完成了33道工序400多件衣服的制作。

北京奥运会颁奖礼仪服装共有16款。其中女装15款分为五个系列，分别是“青花瓷”、“宝蓝”、“国槐绿”、“玉脂白”和“粉红”。

其中，“青花瓷”系列设计灵感取自中国青花瓷器，使用在国家游泳中心“水立方”、顺义水上公园和青岛等所有水上项目的颁奖仪式上；“宝蓝”系列采用温润典雅的宝蓝色作为礼服主色，出现在体操、室内球类比赛和击剑等项目的颁奖现场；“国槐绿”系列丝缎礼服在自行车、射击、现代五项等项目的颁奖仪式上使用；“玉脂白”系列巧妙地呼应了奥运奖牌金镶玉的理念，出现在国家体育场、所有的室外球类比赛以及香港马术比赛中；“粉红”系列服装主要出现在拳击、举重、摔跤等力量型比赛中。

“奥运”赐给商机

2008年，对于中国制造业可谓寒意浓重，出口疲软、利润下降等诸多难题困扰着许多企业。但是，以传统产业为主业的万事利集团却依然保持着强劲的增长势头。而作为第29届奥运会颁奖礼服的供应商，这家拥有33年创业史的“老”企业更是引来了世人的瞩目。

2008年8月8日，第29届奥运会在北京开幕。百年奥运梦圆中国，这一世纪盛事令无数人激动。而屠红燕有更多的理由为北京奥运会而自豪——5个系列的奥运礼仪小姐服饰，万事利提供了“青花瓷”和“粉红”两大系列。其中，“青花瓷”在所有奥运礼服系列中，得到了最高评价。

在奥运礼服入选名单揭晓之后，北京奥组委文化活动部部长赵东鸣对“青花瓷”给予了特殊的评价：“‘青花瓷’的概念一推出，我们都很欣赏。青花瓷蕴含中国传统文化，色彩符合我们的审美，运用在颁奖礼服上，既有传统特征，又有独到之处。‘青花瓷’系列被确定使用在所有水上项目的颁奖仪式中，水的蓝和瓷的蓝，搭配起来很协调。”

“北京申奥成功第二天，我们就专门召开会议，讨论能够为奥运会做点什么。”屠红燕说，“虽然刚开始并不清楚北京奥运会到底能为万事利带来什么，但集团高层都坚信：这是一个机遇！"经过多次"头脑风暴"，万事利奥运营销的思路逐渐明晰——作为中国丝绸行业第一个驰名商标的拥有者，万事利最大的优势是高档丝绸，抢抓奥运商机，无疑要靠丝绸来做文章。"顶级丝绸看万事利——这是万事利的产业定位。奥运会是全世界顶级的体育盛会。两者结合，我们找到了新的制高点。"屠红燕这样说道。

经过与北京奥组委的接触磋商，在接受了奥组委十多次严格考察之后，万事利于2005年1月正式成为北京2008年奥运会丝绸礼品特许经营商和北京2008年奥运会吉祥物丝绸礼品特许经营商。据介绍，万事利集团开发设计了8个大类800多款的奥运丝绸类特许礼品，其中180余款被批准上市，在国内外1500余家专卖店上柜后，销售非常火爆。观众们在万事利集团展厅参观时，被丝绸制作的"奥运福娃"所吸引，询问到哪里可以购买。工作人员均带着歉意回答：不仅公司早已没有存货，而据他们了解，万事利所在的城市——杭州也早就销售一空。

2008年2月，万事利被北京奥组委正式批准承接颁奖礼仪小姐服饰的制作任务。为了体现礼服的高贵典雅，万事利决定采用中国宫廷"革针绣"及"盘金绣"这一几乎失传的纯手工刺绣技法。经过艰苦的寻觅，万事利在苏州偏僻的乡村寻访到了一批"国宝级"的老年绣娘。经过齐心协力地工作，终于在奥组委规定的期限内完成了颁奖礼服的制作，也使得这一行将失传的刺绣工艺重新焕发了青春。

万事利赖以起家的丝绸行业曾经是中国傲视全球的优势产业。但是，20世纪90年代以后，丝绸行业出现了剧烈的动荡，而印度、越南等邻国也开始在丝绸领域跟中国争夺市场份额。针对这种情况，万事利的决策者敏锐地感觉到：靠大批量、价格战的策略来发展丝绸行业，路将越走越窄。

出路在哪里？屠红燕说："万事利的选择是，以'顶级丝绸看万事利'为目标，依托中国丝绸深厚的文化底蕴，重点发展以高档礼品、高档服装为主的丝绸产品，并逐渐从初级的产品经营向品牌化经营转变。"为此，万事利先后用出售和转制的方式"砍"掉了8家下属的纺织企业。这些企业尽管当时并未亏损，但对于万事利来说，为了避免牵扯太多的精力，只要不符合企业发展的大战略，就坚决地进行调整。

做"减法"的目的是为了做好"加法"乃至"乘法"。随着整合的推进，万事利集团逐渐形成了以丝绸服装为核心，以文化产业、生物科技、商业地产、医疗产业为战略延伸的产业群。"我们的多元化是非常谨慎的，绝不是单纯追求把企业规模做大，而是要求每个产业板块都形成自己的优势。具体地说，就是要求每个产业板块都至少拥有一家上市公司。"屠红燕这样说道。2004年6月，通过股权收购，万事利正式成为上市公司"上海联华合纤股份有限公司"的控股股东。"拥有上市公司"的目标首先在其核心产业得以实现。

"丝绸是中国传统产业中的瑰宝。但是以前丝绸行业走大众化消费的道路，却遭遇了严重的挫折。问题在哪里？万事利对自己在丝绸行业30多年的发展经验和教训进行了认真的总结，终于找到了答案：粗放型经营必然失败！只有精耕细作，形成自己的优势，才能实现基业长青。"屠红燕说，"这是我们万事利两代人的共识。"

在万事利看来，丝绸是中华文化的象征之一，而杭州又是闻名中外的丝绸之城。薄如蝉翼的丝绸，其实承载着非常厚重的中国文化。把丝绸的文化内涵和新经济时代个性化消费需求相结合，将为中国丝绸找到新的产业高地。于是，万事利集团开发了个性化的丝绸礼品：从定做的丝巾到织锦长卷《清明上河图》和丝绸版《孙子兵法》，万事利集团不断推出堪称顶级的丝绸产品。为JP摩根设计的丝巾巧妙地将JP摩根的企业文化糅合在内，尽管价格远远高于同样质地的普通丝巾，但还是令客户爱不释手，并吸引来更多的订单；丝绸版《孙子兵法》被北京的一位高层人士选作拜访美国前总统老布什的礼品……

在传统的制造业领域，万事利也改变了过去各种订单都接的策略，专心做婴儿服等几种最具优势的品种。这种“收缩”带来的却是巨大的倍增效应，以前万事利集团每年做几十种出口产品，年出口额不过500万美元，如今仅婴儿服一种产品的年出口额就超过5000万美元。“大家都知道，只有具备质量好、价格低和服务优这三点，才能拿到国际知名品牌的订单。但怎样做到这些要求？只有靠专业化。”屠红燕这样表示。

培育优势产品带来的好处很多。工人越做越熟练，劳动生产率比以前提高了30%以上；规模效应惠及配套企业，整个生产链的成本同步降低；订货商越来越放心，有的订货商看到万事利提供的产品性价比超过了自己的工厂，干脆将其工厂关闭，将生产任务全部交给万事利。在女装领域，万事利将自己定位为“成功女性的个人品牌顾问”，将消费群瞄准各大城市中“最具消费能力的500位女性”。这种全新的消费模式已经受到越来越多女性欢迎，一些外地消费者甚至专程赶到杭州，要求万事利为她们量身定做。

“世界上的公司从小到大、由弱到强都有两个共同点：一是能否把握历史性机会适时转型；二是能否建立可持续发展的商业模式。这也是万事利这些年在努力做的事情。”作为“民企二代”的屠红燕无比自豪。

打不倒累不垮的"猪坚强"

——四川思博机械有限公司总经理龚晓思

作为"民企二代"的龚晓思，1986年出生，四川思博机械有限公司总经理。她13岁成为中国历史上最年轻的国际象棋大师，高中时就读于成都树德中学。曾当选树德之星，在校时创办了全国十佳校园杂志。因为学习成绩优秀，棋类竞技成绩突出，外加在学生活动中所表现出的领导能力，17岁的龚晓思被美国哥伦比亚大学以全额奖学金破格录取。进入大学校园的龚晓思也不"安分"，在图书馆、银行等的不同岗位上打工，阅历、见识渐丰。大三那年，经过五六轮面试，龚晓思应聘成为知名时尚品牌Gucci纽约市场部实习生，一次偶然的机会，她的设计才能被看中，被总部调往设计部。21岁，龚晓思大学毕业后来到香港，成为Gucci亚洲区最年轻的设计师，做女装和围巾方面的设计，年薪8.6万美元。就在事业蒸蒸日上的时候，龚晓思接到父亲的电话，要她回家"接手"跟时尚沾不上一点儿边的"家族企业"。于是，2008年她回到成都，接手家里年产值超过5000万元、四川的最大民营升降机大型建筑设备企业。

年仅22岁时，龚晓思便从父母手里接过年产值超过5000万元、四川最大的民营升降机建筑设备企业，成为四川思博机械有限公司总经理。23岁的她，看起来已经相当成熟。但她却认为自己“和任何人无异”。龚晓思是近年来备受社会关注的一个群体中的一分子，由于继承了父辈的庞大财产，这样的人被称作“富二代”。尽管对于这个称谓，她有些反感，但是，她又不能不接受。其实她更喜欢人们称她为“民企二代”，她认为这个称谓，不包含任何感情色彩。

龚晓思的父母，和许多“民企一代”一样，对女儿的培养教育煞费苦心。在她成功的背后，凝聚着先辈的心血。出国深造、积累知识，放手让子女创业，或把子女放到企业一线锻炼。“民企一代”创业者为子女“铺路”多管齐下，可谓用心良苦。龚晓思曾和父母在“专业”和“经验”的问题上产生过很大分歧，父母最终选择退居二线，给女儿自由发挥的空间。最终龚晓思用提升40%产量证明了自己。

“父母给予我的是一个平台，就像给予我一个棋盘，让我去立马横刀，指点江山。”龚晓思说，在家族企业做事更像一个设计师和构造师，“你的想法能得到最大限度的施行，就像是能够在一张画纸上画最美的图画”。

如果说“民企二代”自身的努力和上进，是主动的棋子，那么，从父母那里继承来的财富和资源的确是龚晓思所说的“棋盘”，若无棋盘，焉得好局？年纪轻轻就成为总经理，这样施展才华的机会不是谁都能有的。

龚晓思虽为富商后代，但她并不是没有吃过苦。父亲创业之初，7 岁的她甚至因为没有本地户口和交不起高昂的学费失过学。现在的她能在建筑工棚和民工同吃同住，朋友戏称她是打不倒、累不垮的"猪坚强"。

交不起学费的"国际象棋大师"

龚晓思的父亲是留学瑞士的建筑设备工程师，毕业后分配到一家国有企业。因为不甘心一辈子待在大山里，1992 年辞职，一家三口来到成都打拼。那时他们在成都一个人也不认识，一家人挤在成都郊区一所廉价的出租房里，连阳台也没有，衣服就晾在窗户下的一根铁丝上。

由于没有成都户口，又交不起高额的学费，7 岁的龚晓思突然失学了。她还记得那个晚上，父亲带她去了当时成都最高的大楼——蜀都大厦的顶楼。父亲指着万家灯火的夜景对她说："我们一家为了创造梦想来到这个城市，只要你够勇敢，你的梦想就会实现。"那时的龚晓思，怎么也没想到，10 年后，父亲真的做到了。

既然不能上学，那就看能不能学点特长。母亲带着龚晓思来到成都市少年宫学画。一天，晓思偷着跑到教室外面"瞎逛"，走到国际象棋室，一下子就被"像小人儿一样，立体感极强"的棋子给吸引住了。从此与国际象棋结下了不解之缘。

1998 年，12 岁的龚晓思参加四川省国际象棋少年赛、成人赛均摘得桂冠，并于同年获国家一级运动员称号。1999 年，龚晓思在全国棋协大师赛上经过11轮拼杀，将“棋协大师”这一成人专业称号揽入怀中，成了最年轻的“大师”之一。

这时候，各所学校开始争着邀请龚晓思入学。她以成都市第九名的中考成绩考入“高手云集”的成都树德中学。高三上学期，龚晓思因为国际象棋的特长被保送北京大学，下半学期申请哥伦比亚大学，被全额奖学金录取。

龚晓思在哥伦比亚大学选修的是经济学和东亚文化双学位。一进校，闲不住的龚晓思，就主动到学校图书馆打工，一小时工资10.37美元。暑假在师兄们的推荐下到瑞士银行香港分行打工，头衔是经济分析师，实际是影印东西、打杂，管他呢，反正有每小时13美元的收入。

大三那年，Gucci招聘实习生。从早上9点到下午6点，龚晓思坐在一个密闭的房间，接受五六批不同考官轮番面试，最终通过考试，成为纽约市场部实习生。

一天，龚晓思被告知去设计部送布料选样。当她推开设计部那扇门时，几大王牌设计师正激烈地讨论着这一季的流行主题。龚晓思在一旁听得入迷，终于忍不住打断了他们，一个门外汉、一张年轻而稚气的面孔，竟然在一群世界最顶级的设计师面前滔滔不绝地谈了起来。直到设计部的秘书对她说：“这位女士，请你出去。”

3天后，她接到其中一名设计师的邀请，要找她谈谈。“我们聊了4个多小时，天南海北，什么都聊。”令龚晓思意想不到的是，没多久，她就收到了总部的调令，把她由市场部调往设计部。就这样，她成为设计部最年轻的亚洲设计师。

回成都接手家族企业

毕业前的一天晚上，龚晓思接到父亲电话，让她回成都接手家族企业。这时她已经在Gucci做女装和围巾方面的设计，拿着一年8.6万美元的薪水。

"一开始，我还以为是老爸在开玩笑呢!"龚晓思父亲所说的"家族企业"，跟时尚沾不上一点儿关系。

2008年7月，龚晓思终于下定决心辞职，全心全意回到成都接班。

父亲给龚晓思安排的第一个职务是施工现场管理。为了熟悉工作，龚晓思干脆搬到工地上住，第一天晚上，她在简陋的工棚里坐了整整一晚。第二天晚上，一只老鼠从她脚边跑过，她"哇"的一声哭了起来，哭过之后，她发现自己以后都能在工棚里睡安稳觉了。

一开始，工地上的工人们也把龚晓思当"怪物"看，不知她哪根"筋"出了毛病。4个月后，工人们发现这个"小龚总"没架子，跟她说个什么事儿都放在心上。工人们对龚晓思的称呼也从"小龚总"逐渐变成了"小师妹儿"，连家长里短的都爱跟她聊。

"相不相信，经过那几个月的磨炼，现在公司一线工地上这200多个签约民工，我个个都能叫上名字来。"龚晓思男孩子气地拍拍胸脯说，他们很朴实、很可爱，都是我兄弟。

父亲把她从工地调回公司总部，做自己的助理，主抓材料采购。公司需要的几百种材料，龚晓思以前连名字都没听说过。抱着学习的心态，她翻出公司的老账，拿着材料到市场去核价。结果她意外地发现，公司过去几年采购材料的价格比实际价格高出50%甚至200%，还有很多材料"意外"在运输途中丢失。

她决定将问题涉及的两个主要人员开除。父亲却说，这两个人都是公司支柱和老员工，能不能以谈话的形式解决这个问题。龚晓思说，"硕鼠"养肥了，断粮没用，必须开除!

为了理顺采购的事情，龚晓思每月举行一个大型采购会，自己亲自跟着去。"现在我已经熟悉几百种材料的各种型号的价格，就连一颗螺丝钉的价格都考不倒我。"

龚晓思说，她现在正在学习“睁一只眼，闭一只眼”。她对自己要求非常严苛，以为别人也应该这样，后来发现并不是每个人都能做到。帮父亲除“硕鼠”，她把这个痛苦的过程笑称是“文化适应”。

在这一点上，龚晓思非常佩服妈妈，什么棘手的问题，妈妈总是三下五除二就搞定了，那种浑身上下散发出的威严和宽容，能化解所有矛盾。“妈妈常跟我讲什么叫‘中庸’，什么是‘平和’，这些，我正在努力学。”龚晓思说。

给父亲当了两个月助理后，龚晓思发现父母出现在办公室的时间越来越少，有时候一两周才出现一次。遇到什么事儿父亲都说：“找晓思处理吧！”

有一天龚晓思回父母家吃饭，看到锅碗瓢盆都是冷的，上面还有浅浅一层灰。打妈妈的手机，妈妈在电话里说：“不好意思哦，我们去日本旅游了，忘了告诉你。”“现在企业70%以上的担子，已经交到女儿手中。”龚晓思的妈妈姚玉琴对于女儿的表现非常满意。2008年，房地产不景气，对建筑设备行业影响也非常大，公司在建工程数量从60多个减少到40多个。但因为女儿出色的市场开拓能力，公司已经和一些房地产龙头企业达成了合作意向。在2008年全球性的金融危机中，她领导的公司却安然无恙。

龚晓思说，她现在的工作重心是建立强大的团队，同时和银行以及风险投资洽谈融资，争取早日把公司做到上市。“这是父亲那辈儿没想过的，但公司既然有这样的潜力，我也有很多金融界的同学和朋友，为什么不把公司做得更大呢？”

脚踏实地的“猪坚强”

24岁的龚晓思，拥有同龄人难以企及的光环：最年轻的国际象棋大师、哥伦比亚大学全额奖学金获得者、Gucci 亚洲区最年轻的设计师、四川最大升降机企业思博机械的接班人。作为省内民营企业家中较为罕见的"80 后"，龚晓思似乎受到了上天特别的眷顾，而她自己却说，自己是一个脚踏实地的"民企二代"。

龚晓思每日的作息通常是这样的：早晨 6 时 30 分准时起床，花一个小时看当天的新闻，8 时 30 分准时去公司上班，上午处理公司事务，下午去各处工地走访查看，晚上回到家再对每天的文件和工作进行一次整理。在朋友眼中，她绝对是一个不折不扣的"工作狂"，每天安排得满满的工作，让她与娱乐几乎绝缘。

"其实我到现在都还不太会使用 QQ。"龚晓思不好意思地承认，由于工作繁忙，她几乎腾不出时间像其他的女孩那样去逛街和购物。"买衣服也是半年一次，只去固定的店，看准就付款。"她笑称自己这种雷厉风行的购物方式通常让周围的女性朋友难以忍受。

闲暇的时候，龚晓思喜欢安安静静地看书。"我看的书有点严肃，比较偏重哲学类、艺术类的作品。"龚晓思说，看书的"另类口味"让她养成了喜欢思考的习惯。她坦言自己的朋友圈都是 35 岁到 45 岁年龄段的人，和他们在一起的时候也都是在谈论行业政策及人生哲学方面的问题。她形容自己有着"'80 后'的身体，'60 后'的心"。

龚晓思很坚强，这从她的绰号"猪坚强"可以得到证实。"别人都说我很像个男孩子，一点也不像个女孩儿。"她说，当年父母决定放弃工作，举家迁往成都的时候，自己经历了很长一段时间的艰难日子。"没有户口、没有钱，全家就在一个狭窄的出租房里'蜗居'。"可即便是在最艰难的时刻，父亲还是会乐观地面对一切，这在她幼小的心里埋下了一颗坚韧的种子。

从 7 岁开始接触国际象棋到 13 岁成为"棋协大师"，再到以全市第九名的成绩进入"高手云集"的树德中学，龚晓思坚忍的品质让她每一步都走得很踏实。

为了获得进入哥伦比亚大学的 offer（录取通知），高三时已获得北京大学保送资格的她开始了比一般高考生还要残酷的学习历程。为了使自己的英语水平在较短时间内得到提高，她坚持了三个月每天学习 18 小时的生活。“到最后，我每天只能依靠咖啡提神，最高的时候每天要喝六杯。”功夫不负有心人，高三毕业时，龚晓思收到了来自哥伦比亚大学全额奖学金的录取通知书。

在大洋彼岸，龚晓思依旧“闲不住”，课余时间，她还是不断地寻找锻炼学习的机会。大三那年，龚晓思成为 Gucci 的实习生，一次偶然的“误打误撞”让她成为该公司女装设计部的一员。穿行于“五光十色”的秀场，同时尚界顶端人士并肩，龚晓思的生活充满了“流光溢彩”。

然而，浮华背后的“虚假繁荣”让喜欢扎实进步的她感到深深的不安。这时候，父亲的企业正面临着转折，由于种种原因，企业内部出现了较大的危机。出于对家族的责任感，龚晓思决定放弃 Gucci 设计师的工作，回到国内帮助父亲的企业渡过难关。

“当时所有人都不理解。”龚晓思笑着说。从五光十色的纽约，从香槟、超模、社会名流的时尚界，回到冰冷的钢筋水泥，回到农民工、塔吊、施工升降机的建筑界，不管是社会历练，还是自我认知，龚晓思都经历了很大的蜕变。

“以前是像在天空中飞翔，而现在是站在土地上生活。”龚晓思认为，回国创业是她真正的梦想和脚踏实地的开始。

“80 后”“海归”的梦想

入行之初，为了尽快了解各种大型施工设备的结构和运作，以及建筑行业内的各种特性，龚晓思在工地上待了很长时间。她每天绑着安全带攀爬机器，检查零部件，满脸全身都是机油和汗水的混合物。

那段时间，她在工地上和农民工同吃同住，什么活儿都干。农民工忍不住夸赞她："你比我上中专的儿子还打得出。"在当地，"打得出"的意思就是不讲究、不怕累、能舍得自己。

有着无数闪亮光环和荣誉的龚晓思认真地说："这是我听到的最好的赞美。"

这个曾经穿行于纽约时尚界的女孩，现在有了更加务实的追求："让这些农民工有稳定的收入，尽最大可能为他们撑起一片天空，保护他们、教育他们，这就是我能作的贡献。"

龚晓思坦言，2008 年刚接手企业时，搭建团队是一个很痛苦的过程。她有时是材料主管，有时是现场主管，有时又是运输主管。"要安排许多细节，多的时候，一天能有 170 多个电话。"龚晓思说。

但她很感谢这段经历："两年的经验，是在任何学校都无法学到的。"

2009 年，中央电视台经济频道《青年创业中国强，我是城市榜样》走进成都。通过竞选，龚晓思当选"成都青年创业形象大使"，被视为当下创业热潮中的杰出青年的典范。

龚晓思认为，年轻人到国外学习后，视野肯定会有所拓宽。"父母那一代有他们的艰辛，但也有他们的局限。建筑行业有许多不规范的东西，需要新一代大刀阔斧地改革。"

自从 2008 年龚晓思接手公司后，公司业绩显著。以前公司产值基本上是每年 20% 到 30% 的增长幅度，而现在，仅 2010 年第一季度的产值就是 2009 年全年的 200% 。

晓思的妈妈姚玉琴说："做母亲的总爱夸自己孩子，但晓思这孩子的确让我不得不夸。一开始很犹豫，不知道让女儿接班好不好。一方面担心她接受的是西方教育，很难以适应中国的商业模式；另一方面，也担心她从光鲜的时尚行业跳到枯燥的建筑行业会不快乐。出乎意料的是，晓思适应得非常快，短短的一年时间就把公司理顺了。女儿很坚忍、勤奋，而且不怕吃苦，她本身也很聪明。”

对于女儿接班的变化，母亲姚玉琴说：“变化很大，刚回到公司时，女儿叫了一帮哈佛大学、剑桥大学的朋友成立了一个投资公司。他们拿出来的分析报告全是用瑞士银行、摩根士丹利等国际上一流的方式做的。但拿去跟合作者们谈时，没有人理他们。经过大半年的沉淀，女儿从刚回来时飘在天上的空壳，一头扎入了务实的工作。建立了自己的管理团队，和工人打成一片，每天跟成都甚至全国的房地产商打交道，一点点成熟起来。女儿很要强，事业心强，同时她的爱好也很广泛，懂得生活情趣，这些我都很放心。她目前最需要的是平和，这是年龄上的缺陷，她需要经历更多的磨炼，才会变得更加成熟稳重。”

将来有一天，在阳光下为自己的祖国创造出世界级的伟大企业——这是龚晓思，这个“80后”“海归”的最大梦想。她说：“经过一点一滴的积累，一代一代的努力，企业历经沧桑还能弥久常新，才是王道。”

从华丽的秀台到喧嚣的工地，巨大的转变并没有让她感到不适应。穿着工装，整日与钢筋、水泥、混凝土打交道的日子反而让她感受到了一种前所未有的踏实。龚晓思说，看着公司经营情况变得越来越好，自己觉得非常有成就感。她说，做企业和做服装一样，也需要设计，而这样的设计工作让她感到更有激情。她说，现在的她是一个真正的设计师，正在用自己的青春设计一个更为美好的蓝图。

接过“接力棒”担起责任

——日丰打火机公司常务副总经理黄佳丽

黄佳丽是“民企一代”黄发静的女儿，1981年生，现任日丰打火机公司常务副总经理，分管营销与财务。高中毕业后，佳丽申请了澳大利亚的一所本科院校。“一进学校，我就蒙了。澳大利亚老师讲英语的口音很重，我竖起耳朵听才能听懂六成。因为是自己要求去留学，所以再难也只好咬着牙关挺下来。”2006年年底，佳丽毕业了。“父母眼中我这个成绩平平的女儿，居然能凭自己的实力拿到国外大学的文凭。那一天，感觉父亲看我的眼神都不一样。”拿到本科学历后，佳丽又在澳大利亚申请了人力资源管理的研究生专业。学以致用：一年后，父亲几个越洋电话，让女儿提前结束学业回来接班。“在我上小学前，常常因为父母创业不在身边半夜哭醒。那时起，我就知道父母赚钱不容易。所以当学业与企业需要我作出抉择时，我一定会回来。”佳丽回国后第一天到企业上班，父亲偷偷地在她的工作笔记本的第一页，写了六个字：努力、勤劳、责任。如今在处理公司事务时，她总会在西方的经验与父亲的管理模式中寻找新的平衡点。

黄佳丽的父亲黄发静于1990年创办的日丰，是温州最早、最知名的打火机企业之一。2003年，黄发静因单枪匹马抵制欧盟针对中国打火机产业的贸易壁垒而荣获“2003CCTV中国经济年度人物”。

中国传统中的“男女有别”观念，让家中没有男性继承人的创业者们异常纠结：虽说男女平等了，但毕竟男孩子更适合接班；虽说女孩子也可以做企业，但做企业毕竟很苦；虽说企业属于社会，只要做得好，传给职业经理人也没什么，但毕竟血浓于水，最希望的还是自家人接手……

数年前黄发静曾试探性地询问女儿的想法，但黄佳丽“80后”式的“酷语”让他目瞪口呆：“我不接手。真的要给我，我就把企业租掉！一年租金也有个上百万吧？”然而，如今“80后”的黄佳丽，已进入接班的过程，成为父亲创办的企业——温州市日丰打火机有限公司的常务副总，并梦想整合所在行业，抱团“上市”。

父亲因为反倾销诉讼而成名

黄佳丽的父亲黄发静，因为反倾销诉讼的胜利，名不见经传的他一夜之间就成了名人，更重要的是他开了中国企业积极应对国际贸易纠纷之先河，为涉及国际贸易纠纷的中国企业带来了勇气。

黄发静，1954 年 10 月出生，中专学历，全球知名的打火机大王，现为温州日丰打火机有限公司董事长、温州市工商业联合会执委、温州市烟具行业协会副会长、浙江省民营经济研究会副会长、温州市政协委员。1990 年由黄发静创办的日丰公司成为温州打火机行业最早进入欧洲市场的企业，也是中国最大的金属外壳打火机和点火枪生产型出口企业，先后荣获"温州市轻工百强企业"、"温州市集体功勋企业"、"中国打火机十大知名品牌"等荣誉称号。黄发静是中国第一个站起来抵制欧盟针对中国打火机产业的 CR 技术性贸易壁垒的先锋，并亲自组织和直接参与中国打火机行业应诉欧盟反倾销调查，捍卫了中国打火机行业的利益。

黄发静原本是一家纺织厂的工人，1984 年，他停薪留职自谋出路。最初他做一种工业用的电器，生意不错，但当时的温州名声很差，几乎成了假货的代名词。而黄发静所做的电器产品明明质量不错，但还被看成伪劣产品。他心里不舒服，于是决定不做了。

1990 年，恰逢温州兴起打火机制造业，这在当时中国市场上还是空白，发展前景良好，利润还不错，黄发静就决定进入这个行业，从此再没有离开过，并坚信它会成为他毕生从事的行业。

1992 年，黄发静遇到一个很重要的客户，欧洲最大的礼品贸易公司——宝富美公司，这为企业后来可持续的发展奠定了良好的基础，业务也慢慢转到了国际贸易上。

"质优价廉"本是中国制造在国际贸易市场上的优势，最后却成了引发纠纷的导火索。欧盟最初对中国打火机的反倾销指控就是针对价格极其低廉的一次性打火机，但是处于中高档位置的中国金属外壳的打火机在价格上也遭到了指控。

1998 年欧洲打火机制造商提出，2 欧元以下的中国打火机必须加防止儿童开启装置，即带歧视性的 CR 法规草案。2002 年进入表决期，黄发静是温州打火机厂商中第一个获得消息并第一个站出来抵制的人。

2001年10月，黄发静收到欧洲打火机进口商协会会长克劳斯邱博先生的一封电子邮件，信中称欧盟正在拟定针对中国打火机的CR法规。所谓的CR法规，就是价格2欧元以下的进口打火机必须装有防止儿童开启的装置。这与1994年美国的CR法规如出一辙，而正是美国的这一法规，使中国打火机企业失去了美国市场，如果再失去欧洲市场，许多打火机企业只能退出这一行业。

虽然在国外的确发生过儿童玩打火机失火的事件，但将安全与价格联系在一起无疑带有歧视意味。在欧盟市场上，低于2欧元的大多是中国产的打火机，这个法规显然是针对中国产品而来的。

黄发静说：“打火机上设锁的专利基本上都被欧美发达国家制造商申请了，他们申请的专利达到1000种，打火机是一个小商品，要研究出与之不同的锁很难，行不行还要当地国家认证，这涉及知识产权保护的大课题。根据美国CR法规的经验，确认一个安全锁是否合格，其费用就达3000美元以上。至于说产品的价格，是由市场决定的，中国产品就是靠着质优价廉打市场，重新提高价格意味着失去客户和市场。”

黄发静当时听到这个消息很震惊，心情也很沉重，但他认为：“中国是个大国，已经加入世界贸易组织，遇到不公平的事情就要抵制。”

为了中国人的尊严

“我的企业60%以上的市场在欧洲，再失去这个市场，对企业的打击将是致命的，同时我又是温州打火机协会的副会长，于公于私，我都不能坐视这件事。”黄发静曾这样解释他积极牵头应对此事的初衷。

2002年6月7日，欧盟有关部门根据欧洲有关企业的申诉正式立案，照会中国外交部，向中国提出打火机反倾销指控经过技术壁垒的冲击，这时，遇到反倾销时中国企业的应诉意识已经提高很多，也有了一定经验，很快在行业协会和机电商会的领导下组织了应诉队伍。

打官司需要技巧，考虑到欧洲没有企业生产温州这种金属外壳的打火机，所以温州的十五家企业进行了无损害抗辩应诉，另外五家生产一次性打火机的宁波企业则进行市场经济地位的应诉。"只有应诉才有机会，不应诉就会受到惩罚性裁决，所以应诉是第一步。"黄发静说。

邀请、动员和鼓励中国企业的盟友参加应诉，会起到很大的作用。欧洲打火机进口商协会是日丰公司的主要贸易伙伴，他们作为当地企业参与应诉，还有一些大型跨国公司也参与了应诉，这对当地政府而言，压力很大。结果作为市场经济地位应诉先取得了胜利，欧盟的企业明白再打下去也不会赢，自动将无损害抗辩的官司撤诉。

黄发静的目的是促使欧盟撤销 CR 法规，并一直为此作着努力。2002 年 10 月，国家外经贸部在北京召开针对欧盟 CR 法规的专门会议，黄发静代表温州市烟具协会参加了会议，表明了对 CR 法规的观点和立场。2003 年 12 月 9 日，对黄发静来说，是难忘的一天，欧盟常规产品安全规定指导委员会召开会议，未就公布 CR 标准达成一致意见，强制执行 CR 不再生效。中国打火机企业获得又一次胜利。

为了中国人的尊严，黄发静无私无畏、百折不挠、奋起抗争。2002 年 3 月 21 日，黄发静随同中国外经贸部官员一起迈出国门，周游欧盟六国对欧盟 CR 法案进行游说交涉，创下了新中国成立以来民营企业家为抵制不公平的国际贸易技术壁垒而走出国门斗争的先例，号称"民间第一团"。他以民间的力量推动着公平的世界贸易秩序。他的影响力远远超出了中国打火机行业，在全中国乃至欧洲都引起了极大的反响。因此，他被选为 2002 年"温州市民营经济十大风云人物"、荣登 2003 年"CCTV 中国经济年度人物"。

"他按照国际规则在海外捍卫自己和行业的合法权益；他为行业协会的价值作出了超前的解释；他以民间的力量推动公正的世界贸易秩

序；最关键的是：他——赢了。”这是2003年黄发静获得CCTV经济年度人物奖时，评委会给他的颁奖辞。

以黄发静的资产和企业规模论，他在浙江民营企业家中并不算高，然而他的知名度颇高，因为他是中国第一位自费赴欧洲，向欧盟交涉撤销其针对中国的技术贸易壁垒法规、应诉反倾销，并在这两场交锋中均取得胜利的中国民营企业家。

中国打火机产业应诉欧洲打火机制造商反倾销指控取得胜利，中国800多家打火机企业因此而受益，而黄发静是中国厂家直接参与组织应诉的领导者之一，不仅为中国的打火机企业保住了欧洲市场，更重要的是他开了中国企业积极应对国际贸易纠纷之先河，给涉及国际贸易纠纷的中国企业带来了勇气。

作为温州商人，黄发静说，他企业的理念就是“质量诚信”四个字：“产品要讲质量，与人沟通要讲诚信，这在全世界都是通用的。”作为行业协会的负责人之一，黄发静说，中国打火机占据了世界打火机市场的主体，但目前还没有一个自己的知名品牌，所以还有漫长的道路要走。回顾这次胜利，黄发静强调团结至关重要，一个行业是一个整体，一盘散沙甚至互相拆台是不可能胜利的。

先过一下当白领的瘾

父亲黄发静是2003年“CCTV中国经济年度人物”。在父亲的光环之下，作为家中独生女的黄佳丽，却感到压力挺大。她曾说出一句让父亲感到很无奈的话：“我不想接你的班，不想到公司去，如果一定要把公司给我，那我就把它租掉！”

2003年，黄佳丽去澳大利亚留学。父亲为她选择了会计和市场专业，其用意不言而喻：作为家中唯一的孩子，把这两门课学好，就是为了将来接班。

“我不接手，我宁愿去别的公司打工。”大学期间，黄佳丽的人生规划是：当个外企白领，过过小日子。

在她眼中，父亲的打火机工厂怎么适合一个女孩子去打拼？

然而，父亲的想法是：女儿可以在其他公司磨炼，但最多只能给两年时间在外“折腾”。

“女孩子太抛头露面的，不好吧？”很长一段时间，黄佳丽都是这样的想法。那时候，她似乎还没意识到：父亲送她去澳大利亚留学，为其选择的专业是与企业经营管理密切相关的金融财会专业。黄发静的这一用意不言而喻：为将来的接班做准备。事实上，无论从“传”的方面还是从“承”的方面，父女两人都别无选择：因为黄佳丽是黄发静唯一的孩子。

但还在读书的黄佳丽对未来的人生却有另一番憧憬：当个外企白领，过一种不失体面却又悠闲的生活。“我不接手，我宁愿去别的公司打工。你要是传给我，我才不要呢，那么辛苦。”在黄佳丽的理念中，一个处处带有男性特征的打火机工厂，怎么适合一个女孩子去打理呢？

面对“骄横”的女儿，黄发静简直无可奈何。不过，他也没有非让女儿接班不可的打算，他也想过：让一个女孩子去做企业，会不会太残酷了些？

尽管如此，黄发静还是坚持试一下：你可以到其他公司过一下白领的瘾，但最多只能给你两年时间在外“折腾”。其实他心里明白：在别的公司特别是外企打工两年，对一个企业未来的接班人来说并不算浪费。

2006 年年底，黄佳丽研究生课程刚读完一学期，父亲就把她“召回”国内，并表示：“我不给你任何职务，哪里缺人你就去哪儿。”还给她一个雅称“不管部部长”。

黄佳丽在自家企业转悠了一段时间，发现各个部门各司其职，而自己像个局外人，完全插不上手，更谈不上将留学所得学以致用。以市场部为例，每个业务人员都有自己的固定客户，她感觉突然介入反而干扰了正常的秩序。

她有点沮丧。每当员工们热烈讨论一些专业问题时，都觉得无法融入，但她更不愿大家因其“小老板”的身份而给予特殊的照顾。

“多看多听，少说多做。”父亲的话当时深深影响了她，她也照做了。她学习查看公司账目报表，熟悉生产技术，了解外贸流程，偶尔还“客串”端茶小妹。

在磨砺中，黄佳丽迅速成长。不久，她也渐渐发现和父亲观念上的一些差异。比如管理员工，父亲讲究“人情味儿”，而在她看来这是“溺爱”，是作坊式企业遗留下来的“家族病”，而现代企业更应当强调制度管理。但这些想法，她不会在员工面前表现出来，而是常在饭桌上和父母交流。

“擒贼先擒王。”黄佳丽俏皮地说，通过给父母“洗脑”，让改革的一些想法得以实施。例如，过去一条生产线只有组长，而现在有好几个副组长，并做到奖惩分明，优胜劣汰。

“国外学习很注重团队合作，一个公司更应该如此。”在她的影响下，“我们的团队”渐渐成了父亲和员工谈话的口头禅。

“相比我刚回国时，现在我和父亲的磨合程度越来越好了。”黄佳丽说，虽然自己给父亲灌输了一些想法，但更多的还是从父亲那里受益，比如他的睿智、严谨和踏实。

“不管部部长”的小磨砺

转机出现在黄佳丽进入日丰之后。2007 年年初，黄佳丽研究生课程刚读完一学期，父亲就把她"召回"日丰，并表示："我不给你任何职务，哪里缺人你就去哪儿。"为此女儿还得到一个雅称——"不管部部长"。

"我想让她多了解一下公司，同时看看她对企业的兴趣到底有多大。"黄发静说。

这还是黄佳丽有生以来第一次真正开始了解父亲一手创办的这个企业：17 年前，父亲初创这个企业时，自己已经读书。这么多年来，除了寒、暑假期间偶尔会到企业来看看父母之外，几乎从未想到要了解它成长的过程，从未想到要了解这个过程中所凝结的父母的心血。这一次，无论如何，是该静下心来好好看看了。

然而，迎接黄佳丽的第一个见面礼是：沮丧。

"我在工厂里转悠了一段时间，发现自己像个局外人——各个部门各司其职，完全插不上手。"黄佳丽说自己在海外留学多年，有种学成归来的意味，很想学以致用，展示一下自己的留学所得。但每当员工们热烈讨论一些专业问题时，自己却觉得无法融入。"就以市场部为例吧，每个业务人员都有自己的固定客户，我如果突然介入，反而干扰了正常的秩序，令他们无所适从。"尽管如此，骄傲的黄佳丽也不愿意大家因其"小主人"的身份而给予特殊照顾。因此，在最初的一段时间里，"不管部部长"的称谓还真有点名副其实。

但黄佳丽并没闲着。多看、多听、多做、少说——黄佳丽牢记父亲"三多一少"的指导，默默学习查看公司账目报表，熟悉生产技术，了解外贸流程，在重要客人来访时，偶尔还"客串"端茶小妹，旁听一些趣闻轶事。

她不仅理解了父亲创办企业的艰难，对企业的那份感情，也慢慢理解了：自己接手企业，将企业传承下去，不仅是对家庭的责任，也是对社会的责任。

黄佳丽一展身手的机会终于来了。

2008 年全球金融危机来临，打火机行业骤然萧条，生产打火机所用的铜、塑料等原材料的价格也暴涨暴跌，这使得企业在购买原材料时无所适从。这时黄佳丽终于可以大显身手了——她向父亲提出了通过期货方式对原材料进行套期保值交易，以此来保证原材料在价格方面不受市场价格涨跌的影响。

“这方面她专业啊，我不懂。”黄发静说，自己不懂的地方，只有听女儿的。而黄佳丽也没辜负父亲的期望，她通过这一方式，大大降低了原材料的价格风险。“从 2009 年到现在，我们近 40% 的原材料是通过套期保值交易进行的。”

黄佳丽对日丰的日常管理影响也开始日益深入。在一段“磨合期”后，她就发现了一些不正规的现象：比如工人上班时不穿工作服，却穿着拖鞋；夏天天热时，一些男性员工喜欢赤膊上班……这些既不安全也不雅观的行为，黄佳丽不会在员工面前表现什么，但回到家后却会同父母在饭桌上交流。

面对困境选择“破茧”整合

“有些人说，把厂房租掉年收入就有上百万元，不干活儿也不愁吃喝。但我会选择传承实业，这是一条虽辛苦但踏实的路。”黄佳丽说，还记得父亲对她说过，“传承企业不只是接手财富，更是肩负起责任。大到一家企业对经济社会的责任，小到要对你的亲人和员工有所交待。”

2010 年年初，黄佳丽出任日丰公司常务副总，多年在幕后出谋划策的小妮子走上了台前。

然而，她此时感觉压力不小，这个行业越来越难做，可以说是内忧外患。一方面，这几年行业生产成本日益高涨，又面临用工难，美元贬值，一些外商的单子减量又压价。“利润越来越低，不少企业薄利保本，甚至保不了本。”

“下一步我们计划把内销做起来。”黄佳丽说，目前日丰95%以上的订单来自国外，而这样是把所有鸡蛋放在一个篮子里。“例如日本出台了CR法规，3月份又发生地震，一下子订单都没了，而这几乎占了我们30%的产量。”她说，一旦内销的路子打开了，一定程度上能够规避风险。

另一方面，部分大客商对代工企业的要求越来越高，实行“验厂”。

“这种‘验厂’制度从两三年前就开始流行起来，一些欧美大客户要求他们的供应商接受社会责任考核，不定期地对工资和工时要求、工厂健康安全环境等进行检验。”

“严格按照标准实施，对我们温州传统企业来说是一个很大的挑战。”黄佳丽说，例如周日休息、每天工作时间不超出8小时等，目前很多温州工厂都做不到，甚至连工人自己也不答应。但在生产环境这些环节，尽量去做到，例如统一工服、改善寝室条件等。

“不少企业最初是为了应对‘检查’，但我提议‘假戏真做’。”黄佳丽说，这样对企业自身的规范化也是有好处的，日丰逐渐做到了。

在她对未来的设想中，还有一个“上市”的梦想。“我指的不是我们一家公司，而是温州的打火机企业整合优势，打造成一个集团来运作。”她说，打火机产业很小，抱团才能体现优势，但其中涉及的问题很复杂，不是一时能解决的。

就这样，黄佳丽慢慢对企业的经营管理有了兴趣。终于有一天，她向父亲表示：自己愿意竭尽所能，把这个家业维持下去。2010年年初，黄佳丽任职日丰常务副总经理，分管销售与财务，成为日丰的“第四把手”。她的上面有做董事长的父亲，做总经理的母亲，还有一位分管生产的副总经理，父亲聘请的职业经理人。

当然，黄佳丽的影响力不会仅仅限定在财务与销售上。她继续改变着企业中一些传统的、比较落后的管理方式，经常是由上而下推行，通过父亲慢慢地改变着日丰。

比如，黄佳丽主张企业要严格执行ISO9001质量标准体系，每个环节都要有相应的可控措施。一旦出现不良产品，完全可以追溯其生产环节和岗位工人，这样可以大大降低产品的次品率。

此外，部分欧美大客商会对代工厂进行考察。黄发静坦言，以往为了应付这些检查，自己经常会让员工临时做一些“表面工作”，当考察人员一走，很快就恢复原状。而黄佳丽则主张“假戏真做”，改变员工的“演戏”意识，把应付检查时做的那些临时行为逐渐常态化、规范化。

为当年的不成熟向父亲致歉

黄发静曾把女儿这一代称为“鼠标的一代”：打开电脑，点点鼠标，凡事喜欢在网上解决。聊天、发邮件、买衣服、炒股票、搞期货，小到生活起居，大到虚拟经济，都离不开互联网。“但需要亲自动手的、跑腿的事情，他们就有惰性”。

黄佳丽说，虽然她给父亲传递了一些自己的理念，但更多的还是从父亲那里受益。

比如在管理员工方面，父亲讲究“人情味”，而在她看来这是“溺爱”，是作坊式企业遗留下来的“家族病”，现代企业更应当强调制度管理。对这一点，黄发静并没有简单地去反驳她。他只是告诉佳丽，在企业中人是第一要素，最难管理的也是人。而管人的最高原则，就是和谐。这就要求处理人事关系时要稳妥，敏感的话题尽量婉转，要照顾到矛盾的各方，达到利益的相对平衡。"激化任何一方，都会造成不稳定。"黄发静说。

"年轻人容易只看到事情的表面，看不到背后的原因。"黄发静说，他要教给女儿的，是应对复杂社会所需要的原则和态度，"比如，企业如何处理与政府的关系？不能靠得太近，不能离得太远。在碰到必须政府出面才能解决的事情时，才去找政府，一般情况下不要去麻烦政府。"

另外，面对最近几年打火机行业的不景气，黄佳丽提出整合产业、抱团运作的想法。黄发静也不说这种想法不切实际，但他提醒女儿：温州人的文化心理是宁做鸡头，不做凤尾，温州打火机行业的价格战打了20多年至今还在打，这一事实就说明了抱团的难度。此外，如何分配权益和利益、如何拧成一股绳，这些都是需要考虑的问题。

"曾经总觉得自己学历高，接受新事物快，比父辈更有优势。但一段时间下来，我发现父辈身上有我们这一代人所不具备的优点，比如严谨、稳健、周到，这些都是多年的磨砺才有的，我还要好好学习。"黄佳丽说。

2011年6月15日，在"温州市新生代企业家协会成立大会暨温州市民营企业传承与发展主题论坛"上，对成熟内敛的黄佳丽，父亲黄发静觉得无比骄傲和自豪。到现在都清楚地记得，当初要女儿接管企业时，女儿说"你要是把企业给我，我就把你的企业租了"。面对斩钉截铁的女儿，他一方面感到很正常，让一个女孩子出来独当一面确实很有难度，但另一方面，他也感到失落，女儿不能继承自己的企业，企业怎么传承和发展？

当时还在国外读书的黄佳丽，根本没想过要接班，她憧憬着毕业后能当一名白领，过与父亲不一样的生活。后来进入企业，接触员工，接触父亲每天要处理的事务，她才发现父辈如今的成就来之不易，父辈创业的艰辛更是自己无法理解的。

“我愿意去背负这个担子，虽然知道这个担子很重，未来的路会走得很艰难。”在论坛现场，黄佳丽为当年自己的不成熟向父亲表示了歉意，并承诺要担当起壮大家族企业的使命。

接班略有一丝不情愿

——青岛泰旭木业有限公司总经理傅文质

傅文质是“民企一代”青岛泰旭木业有限公司董事长傅振瑞之女，现任青岛泰旭木业有限公司总经理，她是2011年2月刚从美国回来接班的，由于她出国比较早，已经在美国生活了14年，一回来特别不适应。作为“民企二代”的傅文质认为，留洋时间太长也不是好事，朋友一开始都觉得她完全西化了，与周围的环境格格不入。“我也在美国开过公司，刚回国的时候，事事都和美国比，搞得自己心态很不好。国内效率可能要差一点，明明讲好1月10日回款，可到时就是回不来，打电话给对方，对方说这样那样的意外。我就想，这怎么可以呢，合同规定什么时间不就应该什么时间吗?”对于她碰到的这些问题，仍然担任公司董事长的父亲不停地对她进行指导，渐渐地，她也适应了很多，自己带领企业经营渐渐走入正轨，碰到一些事情，也能理解了。“父亲还带我去认识他以前结交的朋友，给我介绍客户，对我帮助很多。经过半年多的磨合，现在在公司进行管理问题不大了，明年我想根据自己的思路，进军家庭橱柜方面的开发销售。这块市场巨大，公司一直没有好好运营。”傅文质在美国生活得非常舒适，回来接班略有一丝不情愿。“我还有一个妹妹，她更不想接班，父亲将企业做到这么大，不能到我们这一辈没人管理而衰落下去。再说接了班，与别人相比，我们有了一个不错的平台，可以通过这个平台实现自己的一些理想，尽管为这个理想要放弃很多东西，但我们会珍惜的。”

青岛泰旭木业的木塑复合材料，着实在全国中小企业创新成果展览会上火了一把，以其环保、经济、实用的特点，迅速引起了各路商家的关注。

泰旭木业是青岛市一家新型木业产品研发制造企业，新型木塑复合材料的推出，使企业获取了“二次创业”，是实现跨越发展的“支撑点”。然而面对性能优越、堪称“人造森林”的泰旭木塑，市场认知还需要一个过程。泰旭木业董事长傅振瑞颇有感触地说：“环保产业具有很广阔的发展前景，这类产品对企业经营提出了新要求，既要做生产商，又要积极培育市场，引导消费潮流。”

为什么一家颇具规模的民营企业，要把木塑新型复合材料作为拳头产品，投入大量人力、物力进行研发，并且积极开展国际合作呢？

尤其是2011年2月作为“民企二代”的傅文质接班以后，她说：“我们一直在寻找新增长点。”

坐落在城阳区的泰旭工业园，有一个响亮的口号：“森林工厂”里成材“泰旭木”。有关工作人员表示，这其实是企业的目标，即通过企业的技术创新，生产和天然木材具有近似品质的人造木材。

泰旭木塑产品由木粉、PVC塑粉、其他助剂混合经高温、挤压、成型等工艺制成一定形状的复合型材。产品拥有实木的外观和优于实木的强度、韧性，无甲醛、氡、苯等装饰污染问题，兼有天然纤维和塑料的成本与性能优点，还可循环再生，真正做到了“绿色环保”。

各种具有实木外观效果的木塑产品，可以广泛应用于海边木栈道、园林步行道、城市人造景观以及室内装修、包装、建材、家具、物流等行业。

作为岛城乃至省内知名家具企业，泰旭橱具、家具、新型门窗等目前已经具备了相当的竞争力。但是泰旭始终没有停歇创新的脚步，从当年引领防火板产品潮流，到生产整套橱具设备，泰旭始终在制造属于自己的"市场蛋糕"，而不是简单"分食"已有的市场份额。傅文质说，他们一直在寻找新的经济增长点。木塑产品尽管目前还处于市场培育期，但在当下建设资源节约型和环境友好型社会的大趋势下，木塑产品大有可为。

父亲创办的企业名声在外

傅文质从父亲傅振瑞手中接手的泰旭公司，成立于1992年，是一家不断创新、立足发展新型木业产品的科技型企业，是中国家具协会常务理事单位。公司于1995年生产泰旭牌橱具，目前是国内深具影响力的专业生产厨房家具高科技企业。产品远销欧美，涵盖橱柜、浴柜、壁柜、环保室内门、窗台面、泰丽石、合成石及各类免漆装饰材料。

2005年公司研制开发出新型木塑材料系列产品完全替代了木材和钢材，广泛用于室内外装饰线条、木塑门；室外景观用的栈道木、廊厅、花箱等领域。公司确立"万吨木塑生产基地"，被列为2008年"国家重点节能及循环经济项目"。新研发的WPC材料性能及复合亚克力或纯亚克力人造石的性能，试制出木塑与亚克力人造石复合材料。现已通过青岛市科学技术信息研究所国内外查询，此种材料未在国内外专利或者文献中出现，属于国际领先水平，并获得国家发明专利。

青岛泰旭木业有限公司坐落在崂山脚下泰旭工业园区。集制造业、装潢业和国内外贸易于一体。其下属企业有：中美合资青岛泰旭装饰板材有限公司、青岛泰旭橱具有限公司、青岛泰旭家具有限公司、青岛泰旭新型门窗有限公司、青岛泰旭装饰工程分公司、青岛市城阳福兴塑料制品有限公司等分公司。2003 年公司实现产值 1.83 亿元，实现利税 2379 万元。

公司技术力量雄厚，生产设备精良。中美合资青岛泰旭装饰板材有限公司、青岛泰旭家具有限公司、青岛泰旭橱具有限公司拥有世界先进水平的美国、意大利产板材和板式家具生产线。青岛泰旭新型门窗有限公司拥有意大利先进的挤出生产线和美国烫印覆膜、真空吸塑技术。青岛泰旭装饰工程分公司融合装饰装修行业所有产品，倡导绿色环保，对集团公司的木制产品实行菜单式生产。以集中配货供应的经营方式，实现了装饰装修工厂化、产业化的创新经营模式。

福兴塑料公司是泰旭集团所属企业之一，是青岛市最大的塑料编织制品生产厂家。主要产品有：塑料编织袋、集装袋、塑料蓬布等，年产量 5000 吨，产值 5300 万元。公司以精湛的技术、可靠的质量、完善的服务赢得了国内外客户的普遍赞誉。于 1993 年获得了山东省进出口商品检验局颁发的“出口商品包装质量许可证”，并获得“轻工行业先进企业”等荣誉称号。2004 年集团公司投资成立塑料材料厂，目前主营 PP/PE 及 $CaCo_3$ 等再生塑料业务。从 2003 年 2 月开始，材料厂直接从北美采购 PP/PE 等再生塑料产品，目前已形成每月对外 400 吨的供应量，产品已成功应用于拉丝、吹膜、挤出、涂塑等成型工艺的产品。

集团公司产品遍布全国各地，现拥有 8 个办事处，100 余个特许专卖店，覆盖了整个东北、华北、华东及西北的广大地区。公司除积极拓展国内市场外，还着手开拓海外市场，先后成立了国际贸易部、泰旭美国洛杉矶办事处、泰旭韩国办事处，为泰旭的国际发展奠定了坚实的基础。

企业获得“中国建筑装饰装修二级资质企业”、“中国建筑装饰协会诚信企业"、"青岛市高新技术企业"、"山东省重合同、守信用企业"、"青岛市银行信用最佳企业"、"AA级资信企业"、"城阳区一级强企"。其产品获"青岛名牌"和"国家级重点新产品"荣誉称号。泰旭商标荣获"山东省著名商标"。"民企二代"的傅文质，面对这些充满荣誉的牌匾，心里沉甸甸的……

木塑复合材引导的"革命"

2007年，对于青岛泰旭木业有限公司而言，是一个"产品升级年"。

据悉，新型木塑产品目前已经引起日本、澳大利亚等国外客户的高度关注。由于技术成熟，青岛泰旭木业有限公司的木塑复合材已开始出口。有关专家认为，欧美和日韩等国家和地区木塑产品已进入应用期，在木栈道、公共场所栅栏、户外围栏以及家装等领域都有广泛应用，日本还将该材料用于高速路两侧设置专门的景观线。而国内市场还不太认可，对于该类产品缺乏了解。青岛泰旭木业有限公司有关技术人员介绍，其实只要根据需要进行加工和制造，木塑产品完全可以取代实木，从而节约森林资源，起到节约资源的作用。同时原料多为木粉、稻壳、秸秆以及废旧塑料等，其环保意义也很突出。

作为"民企一代"的青岛泰旭木业有限公司董事长傅振瑞表示，一旦人们认识到木塑复合材的好处，有可能引领一场家装及建筑板材革命。这也是日前在全国中小企业创新成果展览会上泰旭展台备受关注的原因之一。

青岛泰旭木业有限公司从上到下，在"民企一代"傅振瑞的带领下都认准了这个理：和新材料一起成长。

作为一种新型材料，有眼光的新型木材企业纷纷将资本向该领域集结。在青岛，泰旭无疑走在前列，并成为中国资源综合利用协会木塑/复合材料专业委员会团体会员。

可以肯定的是，这是一个有竞争力的产品，只是市场还需要培育。该材料甚至可应用于游艇和帆船制造，对于2008“奥帆”赛后，“奥帆经济”热带来的游艇和帆船制造与维护产业也会有所贡献。另外，青岛的海滨木栈道等如果能使用类似产品，可免去大量维护费用，并延长使用年限。

青岛泰旭木业有限公司旗下有涉及装饰板材、橱具、家具、新型门窗、装饰工程、塑料制品等分公司，而今又着力在木塑产品上突破，将在一个全新领域引领消费时尚。但万事开头难，市场的培育期总有一个过程。青岛泰旭木业有限公司需要耐心，更需要不断提升产品的品质，在新型木材研发与制造上不断走向国际同业“微笑曲线”的两端，赚取高额利润，和新型木塑材料一起成长，一起收获。

青岛泰旭木业有限公司董事长傅振瑞颇有感触地说：“泰旭是生产家具及新型板材的企业。由于该领域进入门槛不高，近年来竞争激烈，泰旭的做法是，坚持在差异化中寻求发展，自主研发的新型木塑材料有望替代传统木材，且环保经济，目前已经开始被天泰、万科等房地产企业应用。”老傅表示，差异化就是寻求新市场，不断开发新产品，应用新技术，也就是持续创新。中小企业发展，“变”是硬道理。

作为“民企二代”的傅文质分析：“首先，我觉得泰旭的一种理念非常重要，那就是要不断在推陈出新、在新产品的研发上下很大的功夫；其次，重视科学技术的研发与使用，不断地推出科技含量高的产品；再次，我们非常重视人才的培养，不光是希望为集团创造价值，更是希望个人的价值得到最大体现；最后，就是注重服务客户，提供最高质量的产品始终是我们一贯的宗旨。”

木塑是一种新型的环保建筑材料，兼有木材和树脂的优点，耐护性好，不吸水、不腐烂，可以承诺20年的使用寿命；节能门窗是一个新产品，是用新型的金属跟木塑合成的新的产品，特点就是美观、耐用；A级防火保温材料在住建部（住房和城乡建设部）是有要求的，要求替代苯板的保温材料，泰旭是以珍珠岩玻化微珠为主要原料，它的优越性在于A级防火，像现在一些大楼失火现象，如果用泰旭的A级防火材料就可以避免。

泰旭的业务还在一个上升期，因为用的是新材料，开发的是新产品，所以在推向市场的时候，市场还属于一个新鲜期，受楼市调控的影响并不大。至于未来家居建材市场发展方向上，傅文质觉得将来家居建材会朝3个方向发展：成本低、美观、节能。

"民企二代"与中美合资

青岛泰旭木业有限公司是高新技术企业，是青岛首家专业生产橱柜的中美合资企业，引进美国先进的制造加工设备，创造研发了具有国际先进水平的室内外新型装饰材料，工厂化装饰，一站式服务，拥有经过严格培训的设计安装团队。在与美国的合资合作的过程中，作为"民企二代"的傅文质起到了至关重要的作用。

新型环保复合台面是中美合资泰旭公司技术研究室与青岛大学研究院共同设计研发的一种新型纳米技术台面板。这也是继泰旭公司第一代泰旭板后的第二代更新产品。新型泰旭板不但延续了原产品的各种优良特性，并且真正意义上做到了防水、防火、环保无甲醛，还使新产品更加轻便，同时也大大降低了成本。

为什么新型环保复合台面能达到这样的性能呢？因为它采用了市场上最新技术的木塑材料和目前市场上最流行的人造石材料复合而成。不但集合了这两种材料的优良特性，从外观上看具有人造石的精美外观，也使整个台面的韧性大大加强，又大大降低了整片人造石台面的成本。

主要优良性能：整个产品一体化，较第一代泰旭板（厨房、橱柜台面板）具有更高的耐冲击强度。具有比第一代泰旭板和全人造石台面板更好的柔韧性。产品完全达到了环保、无甲醛的绿色标准。克服了第一代泰旭板的防水性能问题，继承了人造石的完全防水的优良特性。纳米复合材料台面板不仅在性能方面更加卓越，况且整个产品的重量变得更轻。使安装更加方便快捷。在提升品质的情况下，同时又大大降低了成本。亚克力含量达到30%，真正实现了防渗效果和木塑的有机黏合，实现了比其他人造石及石英石台面更强的抗冲击性，不开裂。

第二代泰旭板——人造石木塑新型复合台面就是基于这两种优良材质的特性，把木塑材料和人造石产品进行一次性完美的结合，使台面的整体外观具有全人造石的视觉感受，并且又利用防水、阻燃、环保的木塑产品做基材。增加了整体台面的韧性。这样不仅从整个产品的从技术方面提高了质量品质，同时又让利于民，大大降低了产品的成本。这样，新型木塑人造石复合台面不但从工艺技术上有了一个质的飞跃，还符合了社会环保节能的理念。真正把最适合民众的产品带给了广大客户。

环保型橱柜是发展方向

在美国学习工作了14年的“民企二代”傅文质，由于她在国外生活的时间较长，熟悉西方人的生活方式。感到中国民众的家居应该进一步改善。她说，长期以来，我国人民生活的居室环境，特别是家庭厨房，普遍空间狭小、陈设简陋、卫生条件极差。改革开放以来，举国上下开始大量兴建民用住宅小区和经济适用房，旨在改善全国城镇居民的住房条件，从而扭转了广大人民群众住房短缺与困难的被动局面。这时，关系到广大人民群众与生活质量的厨房问题集中暴露出来，人民群众对此呼声与反响比较大。针对这一社会现象，经过反复研究论证，建设部在1989年有针对性地明确提出"厨房革命"这一新形势下的建筑设计理念与舆论导向，这是新中国成立以来第一次由政府权威部门明确提出。

20世纪80年代以前，作为厨房家具而言，当时城镇居民家庭能自己打或购置一个碗柜（小储藏柜）置于所谓厨房间，就已相当不错了。毕竟那时我国城镇人民的厨房空间实在是微不足道的。

改革开放初期，由于一部分城镇人民群众的居住条件逐步得到改善和提高，加之人造板材在国内家具行业的广泛应用，具有初期形态和特征的橱柜产品已开始小批量出现在大城市市场。笔者于20世纪80年代初，在北京木材厂参观交流时，该企业已开始批量设计与生产橱柜类家具，但当时的橱柜产品设计风格比较单调，构造简单，只是一种放置杯盘碗碟和储物之类缺乏美学组合变化的矮式组合柜（吊柜）而已，与发展到今天的现代设计风格高科技含量的橱柜家具相比，实在是天壤之别。但这毕竟是我国现代橱柜家具发展史上的里程碑。我国20世纪80年代初中期橱柜家具的研究与开发，无疑为90年代乃至今天现代风格橱柜产业的科技发展奠定了坚实的美学和工业化生产基础。

随着人类环境意识的增强和对大自然的回归心理的追求，以"节约材料，保护环境"为宗旨的呼声越来越强烈，设计开发绿色环保型橱柜已成为21世纪橱柜行业当务之急。环保型橱柜不但要求在使用过程中对人体和环境无害，在生产过程及回收再利用方面也要求达到国际环保标准和要求，国际上提出"3R"、"3E"原则就明确地向世人昭示了这一课题的重大意义。未来环保型橱柜家具的用料是倾向自然的，即使人工合成的材料其本身也不含有害物质，不会释放有害气体。即使不再使用，也不会成为人类赖以生存的空间环境的负担，易于回收和再利用。设计是环保型橱柜家具的关键。

环保橱柜在设计之初就要考虑到它的回收和再利用等方面，对此，国际橱柜设计师遵循的基本原则如下：

第一，减量：即减少产品的体积和用料；采取“至简”手法从事产品设计，尽量减少产品制造和使用的能源消耗，简化和消除不必要的功能。

第二，再使用：设计成容易维护，可再次或重复使用，可以部分更替的产品。

第三，回收再利用：考虑到减少回收成本，尽量避免不相同的原料复合使用，以利于今后的分类处理。

不断提高创新水平、品牌意识和全方位服务质量是橱柜企业健康发展的重要途径。

首先，品牌意识和创新设计的依存关系。

21世纪的橱柜市场竞争，是科学技术的竞争，也是产品创新设计的竞争，更是品牌意识的竞争。产品设计之所以是核心竞争力，是因为它可以科学地配置资源，投资少，收效快。据测算，工业品外观每投一美元，可带来150美元的收益。日本日立公司的数据测算更具说服力，该公司每增加1000亿日元的销售收入，产品设计所占的作用为51%，而设备改造的作用只占12%。显而易见，橱柜产品设计将成为21世纪橱柜专业化生产企业生存和有效占有国内国际两大市场份额的关键和核心。橱柜厂家将切实感到，如果今后没有卓越的产品设计，任何先进技术、精良设备与严格管理都无法创造出精美的、极具市场竞争力的品牌橱柜产品。

其次，全方位技术服务质量是维护和提升品牌含量的可靠保证。

品牌意识是橱柜公司企业立于不败之地的永恒追求。众所周知，在我国加入世界贸易组织之后，未来“两大市场”衡量橱柜产品是否为名牌，不是看它得到多少奖，而主要看它在市场上的占有率。因为用户是“上帝”，只有被广大用户认可的产品，才能算得上名牌，只有名牌才能不断占领和拓宽橱柜市场。

明智的橱柜企业家，多是注重市场调研和用户需求，不断开发新品种，提高产品质量，降低成本的；是靠质优价廉在用户心中树起丰碑，赢得人心的。他们的产品由用户喜爱的“民品牌”，变成走向国际市场的名牌。

橱柜促销手段和营销理念相融和是厂家竞争市场的取胜法宝，名牌产品也必须依赖于营销手段的有利配合，诸如广告宣传、新闻媒介的传播以及营销学方方面面知识的运用与正确服务方式的紧密配合等，这些都是促销产品不可或缺的重要组成部分。

向消费者提供针对性强的全方位技术服务乃是现代橱柜营销中至为重要的运作手段之一。如前所言，为消费者提供软件与硬件技术产品服务互为补充的服务举措，就具有这种外延与内涵。其服务的核心，应是因人适时、适地、适情、至诚的高水平现场服务和技术知识服务。“丽虹服务法则”为我国橱柜行业树立了很好的榜样和典范。

21 世纪是橱柜设计的世纪，在未来橱柜产品市场竞争中，唯有强势品牌和全方位至诚的销售技术服务紧密相结合，才能成为市场的引领动力，而设计正是品牌的创立核心。出色的设计是品牌成功的重要因素，可以创造出品牌的独有个性，提升品牌的内涵价值，使品牌更具市场竞争力。

木塑进驻青岛国际景观展

作为“民企二代”的傅文质介绍，木塑是一种新型材料，木塑可以做门、踢脚线、扶手护栏、木栈道、墙体材料等可替代天然木材，又优于塑料材质，它绿色、节能、环保（零甲醛）。

独创先进的木塑界面强化处理原理，使木纤维与塑料真正成为一体，采用废旧塑料和植物纤维为主体原料，制成木塑复合型材（栈道木），变废为宝，化害为利。通过技术创新使废料变为资源，实现循环经济新途径。制成木塑复合型材（栈道木）系列产品，在资源利用、美化环境的同时，提升生活品质。木塑复合型材（栈道木）具有木、塑的优点，另具备许多它们所不具有的优异功能。可回收循环利用，符合发展“资源节约型、环境友好型”社会要求。

木塑复合型材（栈道木），外观美观大方，不但具有天然木材的木质、木感和木纹，还具有多项优异功能，其综合性能和生产成本比天然木材和现有其他再生木制品都优越，可成为所有高档、中档木材的代用品，是新世纪的一种新型环境友好材料。此外，与现有的木栈道相比，现有的木栈道大多数属于实木类，耐候性、耐老化程度不高，且吸水、不耐腐蚀和虫藻。而青岛泰旭木业生产的木塑复合型材（栈道木）克服了上述缺点，其在防紫外线、抗气候老化、抗压抗冲击性等方面性能优异。

青岛国际建博会的老客户、青岛市高新技术企业、岛城首家专业生产橱柜的中美合资企业——青岛泰旭木塑新材料有限公司，已正式进驻2012中国（青岛）国际木塑装饰与景观材料展览会。

青岛泰旭木塑新材料有限公司引进美国先进的制造加工设备，创造研发了具有国际先进水平的室内外新型装饰材料，其新型PMMA/木塑人造石复合板材、木塑环保门、木塑栈道板、木塑栅栏板、木塑扶手护栏、木塑室外景观等产品和项目，在行业内有很好的知名度和影响力，优质的设计安装团队，一站式的全面服务更是赢得了众多合作单位的信任。

2012年4月6日—8日，青岛泰旭木塑新材料有限公司携品牌木塑产品隆重亮相青岛国际景观木塑展，在加强与木塑材料企业的行业交流的同时，与建筑装饰设计、房地产商、园林规划师、经销代理商进行深度沟通和紧密合作。

近年，随着住宅产业化的大势所趋，人们环保意识不断增强，尤其是“低碳”理念的盛行，木塑建筑其与生俱来的生态性特点在居住及其他使用等诸多方面的优势在建筑应用中体现得越来越明显。建筑、装饰、园林、设计和工程公司，已开始将木塑复合材料作为体现节能、环保、低碳建筑的首选材料！

2012 年，“景观木塑制品”首次从博览会的专题展区升级为专业展会，全力打造高效率的展示、推广、招商、工程销售平台，为全行业提供高端、专业、精准对接服务，满足如此庞大的市场需要——为在建工程提供真正一站式的采购平台，降低采购成本！为经销/代理商提供集中参观、考察的机会，降低经营成本！

接受家族企业的挑战

——福建圣农集团有限公司副董事长傅芬芳

傅芬芳是“民企一代”福建圣农集团有限公司董事长傅光明的女儿，1980年出生，现任“圣农发展”董事、圣农实业董事长。获得过福建省“优秀女民营企业家”等多项荣誉称号。福建圣农集团创建于1983年，是当时中国规模最大的一体化自养自宰肉鸡生产企业，公司已成为肯德基在中国的前三大鸡肉供应商之一，还是“德克士”等大型快餐企业、食品企业的重要供应商。随着三只新股的上市，暴富神话再度上演。在2009年10月22日上市的三家公司中，29岁的“圣农发展”董事傅芬芳备受关注。傅芬芳直接持有“圣农发展”539.947万股，占比1.46%。另外，作为控股股东，圣农实业持有“圣农发展”23479.366万股，占比63.63%，而傅芬芳持有圣农实业12.5%的股权，即傅芬芳通过圣农实业间接持有2934.92万股的“圣农发展”股份。两项合计傅芬芳拥有“圣农发展”3474.867万股。按照“圣农发展”22日的收盘价26.25元/股计算，傅芬芳这部分身家高达9.12亿元。傅芬芳无疑是上帝的宠儿，这个生于“80后”的女孩有着令人羡慕的一切——青春、美貌、智慧、财富、事业。2003年大学毕业之后，傅芬芳开始进入家族企业，展露商业才华，她继承父亲傅光明的事业——接任圣农实业（集团）有限公司董事长，将“圣农发展”成功地将推向资本市场，她本人身家直逼10个亿，成为令社会瞩目的女企业家。

由傅芬芳的父亲傅光明创办的福建圣农集团有限公司，位于福建省南平市光泽县境内，创建于1983年，是当时全国同行业现代化程度最高、南方规模最大的集饲料加工、种鸡饲养、苗鸡孵化、肉鸡饲养、屠宰加工、食品深加工、产品销售为一体的联合型白羽肉鸡生产食品加工企业。

“圣农”牌冻鸡标准综合体系作为福建省肉鸡饲养加工行业统一示范标准。“圣农”牌商标是福建省著名商标、“圣农”牌冻鸡是福建名牌产品，出口过日本、俄罗斯、南非、中东以及中国香港等国家和地区，是国内快餐业（肯德基、铭基、德克士）、大型超市、大中城市农产品市场具有竞争力的品牌。经过20多年的发展，福建圣农集团有限公司已经形成“一主两副”的循环经济产业模式，即以肉鸡饲养、加工、物流为主业链，以鸡下脚料开发利用为主的第一副业链，以鸡粪为原料生产生物有机肥开发为第二副业链，实现了资源的综合、高效利用，做到变废为宝，化害为利，真正形成了无污染、零废弃的循环经济生产模式，获得了较高的经济、社会和生态效益。

由一枚金蛋长成一只凤凰

1983年4月，傅芬芳的父亲傅光明丢下“铁饭碗”，在光泽县十里铺乡猪母垄村建立个体养鸡场——光兴养鸡场。为此，傅光明专门去了趟江西，精挑细选买回来20枚鸡蛋，专心致志地孵起小鸡来。第22天，终于有一枚鸡蛋破壳，孵出一只毛茸茸的小鸡崽，开始了傅光明发家致富的梦想。1986年12月，傅光明成立福建省第一家注册私营企业——光泽种鸡场。1999年12月，创立福建省圣农实业有限公司。

从当初的光兴养鸡场到光泽种鸡场，到最后定名福建省圣农实业有限公司，凸显出傅光明对经营企业宗旨认识的不断升华。“圣农，神圣的事业永恒的农业，古有神农，今有圣农。”这是傅光明给公司最后定下的名字。此时，傅光明办企业不仅仅是为了个人的发家致富，也不仅仅是为了光泽县域经济的发展，他已经把目光看得很远很远，锁定在泱泱大国的农业发展大计，锁定在为人类提供美味、营养、安全、生态食品的神圣使命和天职。

1992年，傅光明从荷兰引进一套现代化屠宰设备，当时引进这套设备的目的只是为了适应市场的需求，给消费者提供更卫生、更安全、更有质量保证的产品，但这套设备却意外带给傅光明与国际企业接轨的机会。

当时，国际知名的洋外餐已经进入福建了，他们非常吃惊、没想到在光泽这样一个小地方会有这么先进的设备。随后，圣农集团被在中国落户的某国际知名快餐巨头列为中国区供应商。

2004年，国内畜牧界突然传出一个令人震惊的消息：稳稳当当做了13年某国际知名洋快餐巨头肉鸡供应商的圣农集团由原先单纯的鸡肉供应商，发展成直接面向消费者的零售商，其袋装的熟食产品已横空出世，进入了福州新华都等一些大型超市，而且经营中西复合式餐饮为主的“美其乐”餐厅也开始在福建、江西两省的二级城市或省会城市的二级商业地段陆续开业。

圣农集团为什么要挺进中西复合式快餐，并打出“美其乐”品牌？傅光明的寥寥数语道出了其中的奥秘：供应商的角色使企业的发展速度和空间受制于客户，缺少消费者终端，整个产业链不完整，产品附加值无法提高，形不成自己核心的竞争力。

傅光明有句众所周知的口头禅："做食品就是做良心，产品质量的好坏等于员工人格品行的好坏。"

公司投巨资将所有鸡场都建在远离城区、无污染无公害的山坳中，引进国际先进水平的优良品种——美国"艾维茵"种鸡，培育商品代肉鸡。对肉鸡饲养进行合理的无抗生素营养配比，在国内首家实现规模化饲养，达到肉鸡温湿度、供水料的自动化控制无药喂养，建立国内最完善的规范化、生态化管理体系和严格缜密的卫生防疫体系，预防禽流感，确保肉鸡健康、安全成长。

公司严格按照国际先进标准兴建厂房，引进三条欧洲最先进的自动化肉鸡屠宰线及加工设备，采用国际先进的品质管理制度和化验、检验设备技术，严格按照 ISO9000、ISO14000 及 HACCP 管理体系标准，生产分割冻鸡产品和各类油炸、烧烤、炭烤、灌肠等肉类食品。

"单纯卖一只鸡最高只有 18 元，如果经过精细化深加工处理，一只鸡就能产出数倍的附加值。"从 2005 年开始，傅光明的"铁算盘"就一直在不停地拨弄着，做足鸡的文章，从鸡粪到下脚料，一样都不放过，打造原料零废弃、利润零空间的生态型肉鸡循环经济模式。

2005 年年初，公司投资新建两条鸡粪生物有机肥生产线。2005 年年底，公司投资新建固体废弃物厂，处理鸡羽毛、鸡血、鸡内脏、淘汰鸡、种蛋壳等废弃物。2006 年，公司成功研发由五种有益微生物发酵制成的 SEM 圣农益生微生态制剂，广泛用于种植、养殖业及环境保护。2008 年，公司和某国内知名电力环保企业共同投资新建目前亚洲首座鸡粪发电厂，开创了养殖业污染源综合利用的示范先例。

目前，公司已形成了"一主两副"的生态型循环经济产业链。"一主"是指以种鸡饲养、苗鸡孵化、加工、深加工等构成的肉鸡主产业链；"两副"是指以鸡粪生产生物有机肥、以生物质发电的副业链和以鸡的废弃物和屠宰下脚料开发利用的副业链，实现了肉鸡产业链的综合高效利用与转化增值。

2006年年底，傅光明在资本运作方面迈出实质性的第一步，母公司圣农实业有限公司下属子公司——圣农发展有限公司成功地从国内引进战略投资者。同时，公司全面完成了股份制改造，福建圣农发展股份有限公司顺利挂牌成立。

对于岁末年初的圣农集团"引进战略投资者"的重大战略决策，董事长傅光明踌躇满志地说："圣农大胆引进战略投资者，不仅带来企业发展所急需的资金，最重要的是实现从民营企业到股份制公司的飞跃。过去，圣农是一股独大，我一个人说了算，现在，增加了投资者，增加了股东，变成了董事会的集体领导，促进了圣农集团成功地进行体制的改革，顺利地完成了股份制的改造。"

公司通过引进战略投资者实现生产、经营与资本运作的紧密结合，借助战略投资者资本经营方面的先进经验，引进了先进成熟的经营管理理念、通行的国际标准、国际惯例和先进的企业文化，树立起科学、规范的法人治理结构，完善企业内部管理的内控机制、风险防范机制，发挥出机制的真正作用，实现自我约束、自我发展。

曾经创造了"圣农模式"

福建圣农集团有限公司是肯德基中国南方最大的肉鸡供应商，新兴的食品生产加工企业和农业产业化国家重点龙头企业，并在全国肉鸡行业中率先同时通过ISO9001国际质量体系认证和ISO14001环境管理体系认证，以及欧盟食品安全HACCP体系认证。

福建圣农集团有限公司二十年如一日地立农村、干农业、带农民，为解决闽北欠发达地区的“三农”问题作出了突出贡献，“三农为本”成为福建圣农集团有限公司的特点。截至2007年3月，福建圣农集团有限公司总资产12亿元，占地6000余亩，60个生产基地，员工5200人。福建圣农实业有限公司为母公司，下辖福建圣农发展股份有限公司、福建圣农食品有限公司、光泽县富明纸业有限公司、福建圣农餐饮发展有限公司、福建省光泽县兴瑞液化气有限公司五个子公司和一个子工厂——福建圣农有机肥厂。目前年肉鸡饲养能力4500万羽，占据全国同行业第二位；年肉鸡加工能力1.2亿羽，为全国第一。

2005年至2010年，福建圣农集团有限公司将累计完成扩大饲养加工建设投资12亿元，实现年饲养加工1.2亿羽肉鸡的目标，成为中国的养鸡专家和中国的美食专家。在规模上，2010年的日宰杀量40万羽，年宰杀量1.2亿羽；在品牌上，“圣农”品牌已深入千家万户，在长江以南家喻户晓，并逐步走向全国。

创业20多年来，福建圣农集团有限公司始终秉承“共生共荣、共创共享”的经营理念，坚持科学的发展观，走循环经济发展之路，从而实现福建圣农集团有限公司“三化”，即农业工业化、农业标准化、农业系统化。三者相辅相成，环环相扣，促使福建圣农集团有限公司健康和谐发展，不断做好、做强、做大。

2007年3月14日，农业部农村经济研究中心主任柯炳生在《农民日报》发表的《关于发展现代畜牧业的若干问题——福建圣农模式的启示》一文中，对“圣农模式”给予充分肯定和高度评价，他高屋建瓴地指出，“圣农模式”的最主要启示在于：质量竞争力是核心目标，畜产品质量对于企业的生存发展起着关键作用。按照这样的模式发展现代畜牧业，最终实现了社会效益好、企业效益高的理想效果。

福建圣农集团有限公司十分注重企业文化的建设，总结出了“诚信、实干、协力、创优”的企业精神，提出了“共生共荣，共创共享”的经营理念和“做中国一流的农业食品联合企业”的企业目标，打出了"圣写千秋信誉，农筑万代根基"和"闽江源头生态鸡，武夷山下圣农人"的响亮口号。圣农正向着最高文化境界迈进。

女儿离不开父亲的栽培

傅芬芳是傅光明的女儿。她说："没有父亲就不可能有我的今天，带着他的烙印我为之自豪。父亲一直是我最坚强的后盾，但有一点，父亲一定不会轻易将辛苦创下的事业交给一个毫无担当的人，尽管我是他的女儿……"

2003年4月20日，福建圣农集团有限公司的"圣农假日酒店"（三星级酒店）破土动工。此时，作为"民企二代"的傅芬芳还尚未毕业，可是作为"民企一代"傅光明，就交给了女儿一个不小的任务——负责这个三星级酒店的筹建项目。在傅光明看来，这正是磨炼女儿的良机。这时候，傅芬芳尚在大学就读，不过作为项目主要负责人，她一开始就参与了酒店的认证和设计工作，这也是她接受家族企业的第一个挑战。

这是一次真正意义上的"放权"：从项目的设计、土地的审批、施工管理、资金的分配和酒店未来的运营管理，都由傅芬芳全权负责。傅光明除了给女儿1000万元的预算之外，其他的都不再过问。两个月后，从大学毕业的傅芬芳被任命为集团副董事长。那时，福建圣农集团有限公司刚刚成立，她就正式上任集团的副董事长，坐上了与小小年纪不相称的高位，她的心情可不是一般的激动。从此，她就一头扎进了这项任务中。

当时，父亲一副全然不管不顾的态度，激发了傅芬芳挑战自我的愿望。初生牛犊不怕虎，傅芬芳铆足了干劲儿，下决心一定要向父亲交出满意的答卷。

“当时原设计单位的图纸不合要求，而三星级酒店的审批权又不在县级。一切都要从头做起。于是，我抱着大堆的材料去市里跑相关部门，一开始很多人用异样的眼光看我，好像在怀疑，你一个小姑娘能做得了主吗？后来知道我是傅光明的女儿，很多事情就好办多了。”傅芬芳称，选择亲自去跑项目审批的各环节就是为了熟悉“怎样办一个公司”。而当时自己这张稚嫩的脸，的确让人难以将她与这个上千万元项目的总负责人联系在一起。

显然，这一切都离不开她“民企一代”的父亲——福建圣农集团有限公司的创始人傅光明的栽培。

早在1999年，高中毕业的傅芬芳，在为报考哪所大学发愁时，傅光明就开始了他的“民企二代”接班人培养计划。当时，傅芬芳报考的学校都是农业大学。显然，专注农业的福建圣农集团有限公司，最缺的就是农业经营的专家。后来，傅芬芳如愿被福建农林大学经管学院农经管理专业录取。

“念大学的时候，是个活跃的学生，外向开朗，学习成绩也不错。”从1999年到2003年，这位身家十亿的“民企二代”就读于福建农林大学。当年与傅芬芳相识，并对她有一定了解的知情人回忆说。

“当时，她是一名主要的学生干部，主要负责组织协调和沟通。”这位知情人回忆说，当年，傅芬芳就表现出了相当好的协调能力。另外，傅芬芳的学习成绩也名列前茅，尤其是英语成绩更为突出。

知情人说，当时，学校里的老师和同学都知道傅芬芳是“民企二代”，不过由于她待人诚恳热情，因此，在同学们中口碑很不错。她回忆，虽然傅芬芳家庭环境优越，可她当时依然住在学校8人间的宿舍里，与普通同学一样，没有搞特殊。

2004年，在傅芬芳的大力筹措下，福建圣农集团有限公司建成了具有国际先进水平的食品深加工工厂，企业发展步入规模化经营的新阶段。

在商场摸爬滚打多年的傅光明，随后让女儿负责接触市场一线的熟食销售。如今逐渐在福州市场上站稳脚跟的快餐品牌“美其乐”，正是“民企二代”傅芬芳的手笔。

关键时刻的不凡魄力

2005 年，“圣农假日酒店”如期建成，规格远比当初规划的高得多，而项目投资也被傅芬芳大胆地从 1000 万元追加到 2600 万元，这个追加并非盲目。“要达到三星级规格，很多方面的投入必须一步到位。”傅芬芳总能拿出让父亲信服的理由。不仅如此，傅芬芳还进一步引入大量酒店管理人才，并制定了较为全面系统、科学的酒店管理制度。

酒店建成后很顺利地就通过了三星级评定。酒店运营井然有序，开业不到三个月，就已开始盈利。这在光泽县被称为商业奇迹，这一切也让当初抱着“亏了就亏了，让女儿实战练一把”心态的傅光明感到意外。

“圣农假日酒店”项目的成功运作展露了傅芬芳的商业才华。更多的“重任”放到了傅芬芳的肩上。2007 年，傅芬芳再一次接受“棘手”的任务。说起这次任务的艰巨，傅芬芳用“一名毫无经验的空降兵降临到一个正在发生翻天覆地变化的战场”来形容当时的情景。

“那时圣农食品的一名高管出走自立门户，带走了公司的大批销售人才、技术人才。而且公司过去所有的业务，都由这名高管负责，父亲和我都没有介入过实际运作。当时父亲也不能给我太多的建议。”傅芬芳这样描述当时的艰难处境。那时不少下属都以报销签单为名，试探这名小老板到底好不好“欺负”。“我只能埋头苦签，根本无法指出这项支出是应该还是不应该。”傅芬芳苦笑道。

关键时刻，傅芬芳显示出不凡的魄力。由于食品公司面对的是一个终端的渠道，其客户的竞争相当激烈，高管的出走带走了大量客户，公司的运营岌岌可危。此时安定局面最为关键，为此傅芬芳采取了一系列的措施，一边积极公关，稳住部分大型商超渠道，一边开发批发市场。

“虽然批发的毛利很低，但可以先让公司稳定下来，维持正常运作。”另外，傅芬芳还凭借自己的诚心，留住了部分技术研发人员。就这样，福建圣农集团有限公司在这位看上去显得稚嫩的新老板的打理下，重新恢复了一片生机，公司业绩一年比一年好，甚至在2008年原料疯涨的状况下，还保持着增长的势头。

在一次次的实战训练中，傅芬芳逐渐成长为一个成熟干练的青年企业家，她开始引领公司走向多元化经营，根据集团的需要，不断推出增强企业综合竞争力的举措。

谈起成绩，傅芬芳称，这一切都是父亲适时鼓励的结果。她说：“父亲从来没有强求我一定要做到什么，在他的眼里我首先是个女孩，他总是一步一步地给我增加砝码。在我最需要扶持的时候，他开导我、支持我。”当问及她现在的工作成绩在父亲眼里能获多少分时，傅芬芳又是调皮一笑：“应该有七八十分吧！啥时你问问他。”

“父亲是创业者的一代，由于创业的需要，他更需要注重个人的魅力。相对而言，我更注重团队的建设、管理的科学化，注重与下属的沟通。”

在资本运作方面显身手

“作为‘民企二代’接班人，需要不断地学习和创新。”这是傅芬芳常说的一句话。毕业于福建农林大学经管学院农经管理专业的傅芬芳，十分注重学习。2005年，圣农集团曾一度打算整体并给某财团。

那段时间，傅芬芳每天接触大量的资本运作方面的信息。

"资本运作的概念和知识就是那时积累起来的。"正是在不断地学习与实践中，傅芬芳进一步成长起来了。2009 年 10 月 22 日，福建"圣农发展"成功上市，傅芬芳成为集团公司董事长，直接持有"圣农发展"539.947 万股，占比 1.46%。此外，作为控股股东，圣农实业持有"圣农发展"23479.366 万股，占比 63.63%，而傅芬芳持有圣农实业 12.5% 的股权，即傅芬芳通过圣农实业间接持有 2934.92 万股的"圣农发展"股份。两项合计傅芬芳拥有"圣农发展"3474.867 万股，按照当时市值，傅芬芳身家直逼 10 亿元。

创业不易，守业更难。作为守业者，承载的压力并不亚于创业者。傅芬芳深知，父亲是创业者，由于创业的需要，他更需要注重个人的魅力。而自己是守业者，更需要注重团队的力量，更要讲究工作的科学化。加强管理制度的建设和团队的建设，成为这几年来傅芬芳工作的重心。为了理清财务管理制度，她同员工一起，通宵达旦加班寻找、分析错漏，通过有效的了解，完善了集团的财务管理制度。她认为团队的建设十分关键，她把了解员工所需、为员工设计相应的待遇作为自己的工作内容之一。

时间观念极强是傅芬芳的工作风格之一。每月月初，傅芬芳都会让秘书将自己一个月的行程、时间安排表做出来，自己则严格按照这个时刻表，在规定的时间里做约定的事。"这样可以确保这个时间段无人打扰。"傅芬芳认真地说，即使是自己最为要好的朋友都要尊重她的这一"原则"。

傅芬芳称："父亲特别忙，总是受困于各种繁杂的事务中无法抽身。来访、汇报工作的人一拨接一拨，有时一件事未解决，又来一件事，常在处理一个问题时受到几个问题的打扰。因此，觉得特心疼父亲。更不希望自己也陷入这种境地。因此，我就给自己立了规矩，并严格遵照执行。"

“一开始很多人不习惯，觉得我‘摆架子’，但时间久了就都理解了。”傅芬芳说，“这也显示了建立、规范管理制度的重要性。任何一个制度的执行一开始都会遇到各种阻力，当遵守制度成为习惯后，规矩就形成了。”

傅芬芳独特的处世风格还表现在对员工福利待遇的分配上。“当老板的都容易凭着自己的喜好评价一个员工。显然，这样既缺乏合理性，也会造成待遇上的不公。我更注重制度化管理，按岗给酬，根据考核来衡量员工的价值，给员工量身定做发展规划。”

懂事“富养女”的独特风格

作为圣农企业创始人的女儿，父亲创下的财富足以让女儿傅芬芳过上极其富裕的生活。对此，傅芬芳并不掩饰她的优越，她笑称自己小时候最深刻的印象是“零花钱比别人多”。但可贵的是，住别墅、穿名牌、坐轿车并没有让这个女孩沉溺于享乐中，她在学业中表现出的刻苦不亚于任何上进的学生。“接受能力强，学习成绩优异”是很多教过傅芬芳的老师对她的印象。

傅芬芳并不否认，自己的“懂事”与父亲的言传身教关系密切。“小时候就觉着父亲特别忙！没有更多的时间陪我玩，但在课余假期，父亲总喜欢将我带在他身边。为了能争取跟父亲在一起相处的机会，我会表现得特乖，总是充当父亲的小助手跑前跑后做力所能及的事。他给员工开会时，我就静静地坐在一旁听大家发言，他和客户们谈判，我也似懂非懂地听着。”傅芬芳称，上了高中之后，她感到自己这种“陪在父亲身边”的机会似乎越来越多了。

如今的傅芬芳更深信，这是父亲在有意识地培养她。她坦言，父亲的这种潜移默化的培养行为，的确在她身上生效了。"基本上，我意识到父亲的苦心应该就是我上高中的时候，不仅带我出入一些商业场合，并对我的教育也进行了规划——建议我报考农林大学农业经济管理专业。"

傅芬芳在不断地与父亲的接触中学会了父亲成稳、干练的处世作风。同时，她对父亲和他的事业有了更深层次的理解。受到父亲的感染，傅芬芳开始显现出对家族事业的极大热情。

"父亲数十年来都以工作为乐，以事业为乐，他从心里热爱这份事业，他是我最敬佩的人。他创下的这种肉鸡养殖生产模式是国内首创的，在食品安全控制上达到国际领先水平，这对整个养殖行业都是有贡献的。这种贡献超出了一般的'赚钱'意义。"傅芬芳说，这更加坚定了她热爱这份事业的决心。说起这些，刚刚还谈笑风生的傅芬芳立刻油然而生出一种肃穆的神情。

傅芬芳在福州圣农公司的办公室，个性化的布置略带着些女性气息，不足20平方米的面积和她"10亿身家"的身份稍显反差。

"圣农的状况还达不到去给我个人租用一个面积庞大、装修气派的办公室。"傅芬芳称，"企业赚千万，拿出十万来租用办公室还可理解，企业赚一百万，拿十万来租用办公室就显得不合理。这涉及企业的经营，应符合企业的运营状况。这是属于企业的钱，不是属于我个人的钱。"

傅芬芳说，自己大多数时间都是忙碌的，所幸合理的时间安排让她偶有机会放松。"工作空当，我会和一群朋友去香港购物、打高尔夫。"她很兴奋地"秀"起自己刚从香港"淘"回的衬衣，她觉得，得体的腰身、简约的设计、独特的细节都成为被她相中的重要因素。

"车、手表、包包得是名牌，这是'场面'的需要。除此以外，我并不总强调名牌，更喜欢具有独特风格的东西。比如我的这条项链就是在香港定做的，上面有我的名字，独一无二。"谈起个人的消费观，傅芬芳开起了玩笑，这位出差前总会在机场买上大堆时尚杂志上飞机的女孩，言语中流露出这个年龄段所有女孩的天性。

“圣农”用诚信创造未来

“商道即人道，食品即人品。”秉承着这一经营理念的福建圣农集团食品有限公司被指定为北京奥运会期间核心区（奥运村区域）鸡肉原料供应商。这块金字招牌的得来，缘于企业多年来没有发生一起产品退货或质量问题案例。

自1983年创业至今，圣农集团越做越好，越做越大，越做越强，发展成为集饲料加工、种鸡饲养、苗鸡孵化、肉鸡饲养、屠宰加工、食品深加工、产品销售、快餐连锁为一体的联合型肉鸡生产食品加工企业，农业产业化国家重点龙头企业，全国农业产业化优秀龙头企业，其成功之道就是诚实守信，一言九鼎。

2003年，圣农集团在上海定制了一个重达9999斤的青铜大鼎置于总部，作为企业文化的绝妙符号，让人想到一言九鼎的诚信、脚踏实地的实干、三足鼎立的协力和质量上乘的创优。圣农集团将诚信放在企业精神的首位，而在圣农集团内部，诚信已经深入所有普通员工的内心，成为一种自觉。

民以食为天，做食品就是做良心。在长期的实践过程中，圣农集团始终坚持诚实、守信的方针，以保证食品质量和卫生安全为根本宗旨，把优质产品和服务、讲求信誉贯穿于生产经营各个环节，变成公司员工的自觉行动。为消费者生产味美营养、安全生态、价格合理的鸡肉，是圣农员工的神圣使命。每名员工上岗前都必须接受严格的体检和培训，不仅要掌握操作技能，还要具备安全卫生意识和专业知识，将食品安全卫生意识提高到人格的高度。生产过程中，强化产品品质监控体系，严格按照冻鸡产品管理控制程序办事。

有了高品质，产品供不应求，圣农已成为百胜中国餐饮集团鸡肉产品策略合作伙伴、麦当劳亚太区肉类专门采购商、铭基和福喜策略合作伙伴。

圣农集团还连续多年被中国农业银行福建省分行确认为 AAA 级信用企业，多次获得中央、省、市工商局及消费者协会授予的“诚信单位”和“重合同、守信用”荣誉称号；“圣农”牌冻鸡被评为福建省名牌产品，“圣农”被评为福建省著名商标；该企业还在全国肉鸡行业中率先通过 ISO9001 国际质量体系认证、ISO14001 环境管理体系认证、食品安全 HACCP 体系认证。

“企业两条‘命’，一条是诚信；一条是质量。”公司董事长傅芬芳说，“视诚信和质量为生命的企业，一定能做得更好、更强、更久!”

两个女儿都接班

——虎豹集团蒋竹云、蒋迎春

作为“民企一代”的虎豹集团董事长蒋茂远有两个女儿——蒋竹云和蒋迎春，现在作为“民企二代”的两个女儿都接了班，分别掌管着房地产和服装两大产业，而严格细致的管理模式被她们沿袭下来。她们说，现在的很多“民企二代”认为只要把产品卖出去、钱挣回来就是硬道理，可我们在父亲身上学到了细节决定成败，品牌决定持续发展。要做行业中舍我其谁的极品，往往差的就是那么“一点”。在将小女儿送到上海、无锡以及日本接受实战锻炼后，让其走马上任专门从事外贸生产分厂的负责人……蒋迎春自豪地说：“我坐在这个位子不是因为是蒋茂远的女儿，而是因为我是最合适的。”今天，深知父亲良苦用心的她已开始感谢父亲，人最大的敌人是自己，父亲让她过了面子关、压力关，将来独当一面时，她无所畏惧。大女儿蒋竹云讲了这样的故事，几年前父亲有意安排她接触房地产。郡王府楼盘开发时，手续办理非常烦琐。有一家单位愿意收10万元，将所有的手续跑下来。这对于并不缺钱的“虎豹”来讲，是非常省时省事的捷径。再说，这也是不少房地产公司通常的做法。但是，蒋茂远没有同意女儿的建议，而是让她自己去跑，目的是有意锻炼她。时至今日，集团已成为集服装、商贸、地产于一体，跨行业、跨地区的大型民营企业，成为中国服装业的一颗“明星”。勇于创新转型发展的制胜之道，领悟其孜孜以求塑文化、扩内涵的精神动力。

“民企一代”蒋茂远，出身在一个裁缝世家，因为家境贫寒，11 岁就学手艺，白天要上课，晚上在灯下跟父亲学裁衣，油灯之下，千针万线密密缝。对于一个孩子来说，生活就是这样残酷！“那个年代，手工费低得可怜。做一条裤子，工钱只有四五分钱，没日没夜地干，也改变不了贫困生活的境况。俗语道，世间有三苦：撑船、打铁、磨豆腐。而裁缝这行当，大概是世间的第四苦了！”

天资聪慧的小茂远，跟着父亲学成了一手好手艺。蒋茂远有两个女儿——蒋竹云和蒋迎春，现在作为“民企二代”的两个女儿都接了班，分别掌管着房地产和服装两大产业，而严格细致的管理模式被她们沿袭下来。她们说，现在的很多“民企二代”认为只要把产品卖出去、钱挣回来就是硬道理，可我们在父亲身上学到了细节决定成败，品牌决定持续发展。要做行业中舍我其谁的极品，往往差的就是那么“一点”。

父亲从“小裁缝”起家

“民企二代”蒋竹云和蒋迎春的父亲蒋茂远，出生在裁缝世家，从小就在一旁观看父亲裁衣、母亲缀扣、烫熨。他 16 岁时，也许是因为爱好，也许是别的什么原因，也当了裁缝。1968 年，他的家乡李典镇新办一家服装厂，在招聘考试中，蒋茂远名列第一。别人一个半小时才能做一条西裤，而他只用了45分钟就完成了。厂领导破例给他开出"高薪"——每个月工资30元。

这家名叫扬州振兴的服装厂，在当地也算是个"明星企业"吧。它是邗江第一个产值超过千万元的服装企业，可挣的都是辛苦钱。为了多挣点加工费，他们曾吃力地踩着脚踏缝纫机做皮手套，这在全世界恐怕是独一无二的。"一不小心，缝纫针就会戳破手指。"蒋茂远回忆起那段艰辛的岁月，眼中含着泪。

起初，蒋茂远也像他父辈那样，做传统的列宁装、中山装。后来，他赶上了改革开放，西服、套装，各式各样的衫裙、时装越来越受人们的青睐。蒋茂远心灵手巧，加上勤奋，不少新款式，他一看就会，裁缝铺当然越来越红火。他的家庭生活也起了巨大变化，宽敞的新房落成了，自行车、彩电、冰箱、洗衣机都陆续进了门，一家人尝到了富裕的滋味。

而蒋茂远并不感到满足，他想的不是一辈子当小店铺的小裁缝，世界上有名的时装大师也是人，他为什么不能做时装大师，中国名牌、世界名牌服装也是人创造出来的，他为什么不能创出自己的名牌呢？他靠一把剪刀解决自己生计的问题，但众多乡亲还很苦啊。他不仅希望江苏人、中国人穿上他设计的服装，也盼着他的服装能美化外国人的生活，期望着他的衬衫不仅在国内销售而且能登上国际商厦的大雅之堂。蒋茂远的理想不是梦，他为自己的理想不断付出艰辛的劳动。

1987年，蒋茂远到北京大华服装厂学习，"天坛"品牌为他上了生动一课。那时的大华人骄傲地说，中央领导人穿衬衫，必选"天坛"。大华厂在全国各地各选定一个贴牌服装厂，尽管条件苛刻，可是大家还是削尖了脑袋往里面钻。

"一个没有品牌的企业，是可怜的企业。替别人做加工，定价权掌握在别人手上，只能任人宰割。"在振兴厂的20多年间，蒋茂远从工人干到了副厂长，并有了创办自己品牌的梦想。

1989 年，蒋茂远作出人生的一个重大决定——离开原厂，自立门户，创立一个真正属于自己的品牌。为此，他押上全部身家：卖掉了李典乡下 8 间平房和东花园一套商品房，总共凑了 4 万元，义无反顾地来到了汉河，加上汉河工业公司为他集资的 24 万元，28 万元就是他全部的创业启动资金。

就像当年焦裕禄来到了兰考，蒋茂远面对工业基础几乎为零的汉河，备感创业艰难。没有市场、没有技术、没有设备、没有工人，谁也不相信他能干出啥名堂来。

俗话说，隔行如隔山，不熟的不做。蒋茂远琢磨着要办一个衬衫厂，他的想法很快得到了亲友们的支持，毅然告别了家乡江心洲，来到邗江县汉河镇创办洋衬衫厂。创业初期适逢市场疲软、国家银根抽紧，资金无着，白手起家，蒋茂远一咬牙，变卖了约 100 平方米的私人住宅和 64 平方米的宅院，变卖的全部资金投入了新办小厂。杯水车薪，办厂要置设备、要进原料，这笔数目不小的资金怎么解决？蒋茂远夜不能寐，思索着找一条解决问题的出路。全厂职工看着蒋茂远焦急的神色，主动集资 28 万元。蒋茂远看到职工这么支持一个外乡人的工作，决定将自己的生命和工作联系起来。

1998 年，在强手如林的市场竞争环境下，创办仅 9 年，靠 28 万元起家的小作坊，发展成为年产值 7 亿元，纳税 8500 万元的省级集团、国家大公司，其主打产品——“虎豹”牌男衬衫连续荣获“国家金奖三连冠”、“国际著名商标三连冠”、“中国十大名牌金奖”、“国家免检产品”等殊荣。另一个产品——“虎豹”牌西服问世不到一年，便荣获“江苏省名牌西服第一名”。江苏虎豹集团近乎神话般的变化和发展，不得不令人叹为观止。

但这令人叹为观止的了不起的成就，对于江苏虎豹集团董事长兼总经理的蒋茂远来说，只是走完了第一步，一切的一切，离蒋茂远心中的目标还有一定的距离。

那么，作为“民企一代”的蒋茂远心中的目标究竟是什么呢？他要创造出中国第一个国际公认的名牌。

作为中国衬衫行业的知名人士，蒋茂远早与北京衬衫总厂有业务联系。在北京衬衫总厂，他了解到，世界上有10大名牌衬衫，北京衬衫总厂就生产了8种，如他们生产的衬衫卖给皮尔·卡丹每件百元左右，然后换上了皮尔·卡丹的商标和包装以后，卖给中国的消费者每件在300元以上。后来他又了解到，国内市场销售的国际公认名牌，实际上基本是中国人自己生产的。外国老板仅靠一个牌子就把中国人的钞票大把大把地赚进自己的腰包。看到这种情况，蒋茂远心里难过极了，用他自己的话来说：“我的心都在滴血。”

但令人钦佩的是，这件事不仅仅使蒋茂远的心在滴血，更重要的是给了他启示和动力。

首先有了自信心，那就是中国人并不笨，那些市场上卖的国际名牌不都是中国人自己生产的吗？其次是给了他坚定的决心，既然“名牌”的价值如此之大，那么就把“虎豹”培育成中国自己的国际公认的名牌，也去大把大把地赚外国人的钞票。

于是，蒋茂远以一颗“产业报国”的拳拳之心，从高起点起步，向他心中既定的目标——“创造出中国第一个国际公认的名牌”前进。

“虎豹”品牌横空出世

20年多来，在前进的征途中，洒下了以蒋茂远为首的全体“虎豹”人无数辛勤的汗水，其不懈追求的精神，可歌可泣。

1990年，一个名叫“虎豹”的品牌横空出世。这是“集虎的勇猛、豹的敏捷”为一体的特殊LOGO，不仅赚足了国人的眼球，更席卷了全国衬衫市场。从此，蒋茂远开创了要做成“衬衫王国”、“服装王国”的新起点。时至今日，集团已成为集服装、商贸、地产于一体，跨行业、跨地区的大型民营企业，成为中国服装业的一颗耀眼的明星。

办厂初期，全厂只有两条破旧的生产流水线，但由于“虎豹”以质量、款式赢得了市场，取得了可喜的经济效益。到1993年，全厂的流水线增至22条，到1995年已增至36条，从而成为全国同行中的“大哥大”。1995年，蒋茂远决定投资1000多万元成立西服公司。目前，江苏虎豹集团已拥有员工4000名，固定资产3.4亿元。下属衬衫、西服、夹克、外贸、绣花、辅料、宾馆等10多个实体、80多个办事处。产品销往全国29个省、直辖市、自治区的8000多家商场。

在“量”的扩张的同时，蒋茂远更注重“质”的提高。因为他知道，用落后过时的设备生产不出国际公认的名牌。

为此，他在引进3条德国西服、衬衫生产线的基础上，投资1000多万元，陆续引进法国立克公司的全电脑设计打印系统、国际最先进的意大利立体整烫设备和法国全自动CAD电脑服装设计系统。这些世界一流高科技设备的装备成功，使“虎豹”在国内众多的衬衫厂家中脱颖而出，实力更为强大。

从28万元起家发展到总资产3.4亿元的集团公司，江苏虎豹集团成功的经验是什么呢？蒋茂远治“家”的要诀又是什么呢？

“严”字当头，狠抓管理，是虎豹集团崛起和蒋茂远治“家”的一大法宝。

以质量求市场、保市场、拓市场，并把“虎豹”产品质量向国际名牌看齐，作为质量管理的目标和任务，以严格的工作标准和严谨的工作作风保证产品质量。

质量标准国际化。根据国家标准，吸收日本、法国等先进国家的标准，制定了“虎豹”服装的企业内控标准，并编制了严格的工艺标准和操作规范，确保"虎豹"衬衫件件是样品。

质量管理标准化。集团根据 ISO9000 标准，在每批产品投产前，都制定实施细则，指导作业，每个操作工都要挂牌操作，确保质量。

质量考核严格化。制度严，执行更要严，工序之间凭质量检验转道证交接，在重点环节设质量控制点，实行道道把关，并采取产值与质量相结合的质量、效益工资制，使工资、奖金和产量、质量紧密地结合在一起。

质量体系规范化。建立由质量管理办公室、质检科、车间总检和巡检、班组设 QC 小组组成的质量管理体系。

与此同时，他还进行科学预测，准确把握市场。在全国各地设立了 80 多个办事处，聘用了 100 多个信息员，及时了解市场需求信息，产品销售情况和同行的销售情况。通过这些信息使蒋茂远准确地掌握销售数据，预测一段时间内商品的流向流量，以便及时进行调整、弥补和充实。

通过科学预测，按照生产一代、开发一代、储备一代的要求，形成新产品开发循环体系，不断地向市场投放新产品，使"虎豹"产品永葆活力。

开发"品尊国际"高端豪宅

今天，漫步扬州街头，在林林总总的房地产广告中间，"看遍世界后的选择"——"品尊国际"的宣传语亮丽出列。几年前，蒋茂远进军了房地产业。2009 年 12 月，"虎豹"以 600 万元拍下西区文昌西路南侧的一块地，开发"品尊国际"高端豪宅楼盘。

蒋茂远要给"精致扬州"创造一个宜居经典。他聘请澳大利亚柏涛公司、香港贝尔高林、加拿大高力集团这三家世界顶尖的公司，分别作为楼盘的规划设计、景观设计和物业管理；聘请中国第一上市公司深圳世联公司担任销售策划代理，聘请国内最负盛名的星河湾团队承接样板房设计施工……

蒋茂远付出最多的是自己的心血：炎炎夏日，他每天泡在工地8个多小时，看着工人每层每户地施工，他能为一个门的大小和施工设计人员商量半天；为了一棵景观树，他穿着雨靴，走遍大江南北，选遍上千亩树林；为了修改门厅内的一根柱子，他请来四家设计公司“会诊”……为了红线外公共绿化，他不惜花费千万元巨资打造“品尊”项目的西花园，为了地面花岗岩铺地拼缝不大于0.5毫米，他宁愿每平米多花10元钱。他说，房子就是产品，触目所及、触手所感，都追求极致，“虎豹”在涉足的新领域怎能不声名鹊起？

“我只做第一，不做第二。”蒋茂远一直在创业，也一直在创“一”。

20世纪90年代初期，江苏省首届工业经济年会在扬州召开，“虎豹”被指定为会议观摩企业。数百名会议代表被震惊了：当时的“虎豹”只有几排小平房，何以打造出一个“衬衫王国”？面对眼光挑剔的上海人，“虎豹”如何轻易地打进了上海第一百货商场？面对商家必争的东三省市场，“虎豹”何以一家独大，雄霸东北？

市场奇迹的背后，是蒋茂远的创业信条：“我只做第一，不做第二。”他说，在服装行业，我从来不向别人低头。这并不是自己狂妄自大，实在是因为我对服装太熟悉了。由于选料精、款式新、做工好，“虎豹”第一批衬衫一经问世即被抢购一空。

蒋茂远一直认为，做服装，就要做出品牌、品质、品位。每年他有很多时间在外地出差，他还给自己定下一年要出一次国的规定，学习国际流行服饰的新款，然后自己加以借鉴和创新。由他开发的一款门襟绣花的意大利男式衬衫刚一上市，便全国脱销。

“虎豹”在发展中也面临种种挑战。全国衬衫市场曾经“仿”声一片，各厂的产品大同小异。要想突围，创立自己的特色品牌，是情势所迫。

一开始，“虎豹”选择了一名歌星作为形象代言人，但是社会反映品牌阳刚气不足，这与“虎豹”的品牌形式不相符。后有人建议，干脆让蒋茂远自己来代言。身材高大结实的蒋茂远并没有过多地推辞。于是他成了当时全国第一个为自己产品做形象代言的老板。为了拍摄那则广告，蒋茂远穿上自己生产的服装，站在上海国贸大厦，登上北京八达岭长城。

广告播出后，在社会上引起了不小的轰动。蒋茂远说，我之所以要做这个“第一”，就是想告诉消费者，“虎豹”的声誉，就是我的生命。

如今，无论你什么时候走进“虎豹”偌大的厂区，你都会看到工厂地面无烟头，花园无杂草，楼梯无痰迹，车间地面无线头。特别是自行车棚更成了精细管理的一道风景线：车子排成一条线，男式女式、红色黑色、大车小车……车辆分门别类，分区停放，令人赏心悦目。

蒋茂远有太多管理创新的硬招数：他手上的报话机从不离手，厂区里的每一个管理细节他都了然于胸；“虎豹”创立之初，工厂没有搬运工、勤杂工，每一名老总、中层干部身先士卒；集团开会，中层干部只要迟到 1 分钟，交 1 万元罚金才能进会场……

如今，蒋茂远的两个女儿——蒋竹云和蒋迎春分别掌管着房地产和服装两大产业，而这些严格细致的管理模式被她们沿袭下来。她们说，现在的很多“民企二代”认为只要把产品卖出去、钱挣回来就是硬道理，可我们在父亲身上学到了细节决定成败，品牌决定持续发展。要做行业中舍我其谁的极品，往往差的就是那么“一点”。

创业成功的六个字

“好的企业家最宝贵的是眼光。”蒋茂远总是勇于否定自我，一直在创新。蒋茂远说：“创业成功的奥秘无非6个字，舍得、用心、创新。”

十年前，“雅戈尔”、“杉杉”、“虎豹”等名牌，都是享誉国内的一线男装品牌。而今天，蒋茂远提起“雅戈尔”，就难掩内心的痛楚。“雅戈尔”借助成功上市，迅速进军房地产和资本市场。而那时候，“虎豹”不缺钱却错失良机。

“一组数据让我们反思啊！”蒋茂远眼神中流露出羡慕，“过去，‘雅戈尔’3万人做100亿的服装生意，能赚5个亿；现在，300人做房地产生意，一年能赚10个亿，30个人做资本运作一年能赚20个亿。”

好的企业家最宝贵的是眼光，能找到不断创新、不断转型升级的新路径。

争创百亿销售，打造百年企业，铸就百年品牌，没有充足的资金保障，一切将无从谈起。近年来，虎豹集团将国际贸易、制式服装、品牌运作三大板块中的优质资产整合起来，计划上市。

两年前，蒋茂远又走进校园，虚心地当起了学生。在上海财经大学举办的中小企业上市辅导班上，蒋茂远成了年龄最长的学员，也是最勤奋的学员。7天学习下来，他带回了厚厚的一大摞学习笔记，连续给集团中层干部开了几天的会议，主题就是上市。

和许多民企一样，今天的“虎豹”也面临着“交接班”，创新转型发展的接力棒交到了“民企二代”的手上。蒋茂远给出的评价是：“从目前的情况来看，孩子成长得不错，她们十分敬业，有希望！”

这“不错”的背后，是蒋茂远独特的培养后代的眼光和方式。

对此，现任虎豹集团外贸公司、制式服装公司、品牌运作公司总经理的小女儿蒋迎春将父亲比喻成“驯兽师”。蒋迎春生性好强，最渴望得到父亲的认可。可“六亲不认”的父亲当着中层干部的面训斥她，令她颜面扫地。擦干泪水后，她接着干。今天，蒋迎春自豪地说：“我坐在这个位子不是因为是蒋茂远的女儿，而是因为我是最合适的。”今天，深知父亲良苦用心的她已开始感谢父亲，人最大的敌人是自己，父亲让她过了面子关、压力关，未来独当一面时，她无所畏惧。

大女儿蒋竹云讲了这样一个故事，几年前父亲有意安排她接触房地产。郡王府楼盘开发时，手续办理非常烦琐。有一家单位愿意收 10 万元，将所有的手续跑下来。这对于并不缺钱的“虎豹”来讲，是非常省时省事的捷径。再说，这也是不少房地产公司通常的做法。但是，蒋茂远没有接受女儿的建议，而是让她自己去跑。

在经历了地产业中的许多纷繁复杂的环节后，蒋竹云终于理解了父亲的良苦用心。父亲这是在用自己的经历告诉她，一名企业家，要想获得成功，必须要熟知企业运营的每一个环节。要做到这一点，只能亲力亲为，没有任何捷径，也没有任何人可以替你。

企业发展壮大了，蒋茂远并没有居功自傲。当地老百姓说，蒋老板不但是一位企业家，而且是一位慈善家。多年来，他一直关心和支持社会福利事业的发展。在他的关心下，企业主动吸收有一定劳动能力的残疾人到厂里务工，为他们缴纳了养老保险，企业还成立了残疾人文化服务中心，保障了他们的基本生活。1996 年，赞助镇政府 200 余万元，兴建了占地 7 亩、建筑面积 1875 平方米的第三代宾馆式敬老院，使“五保”老人晚年生活更加舒适、幸福。2011 年 4 月，集团又独家赞助承建了邗江县社会保障指导中心综合楼，建筑面积 4100 平方米，预计投资 320 万余元。除此以外，蒋茂远还主动出资支持镇上的公益事业，改善了汊河镇的投资环境。有人时常问蒋茂远，拿出这么多钱支持社会事业觉不觉得吃亏？蒋茂远总是报之一笑，含蓄地说：“人人都要讲一点奉献，都应有一点爱心。”

品牌是企业的生命

实力强劲的虎豹集团正是有了财力，加上公司注重感情留人、事业留人，使集团的员工队伍更加稳定，这种“善待员工”是虎豹集团的又一大品牌。历经20多年的强势发展，江苏的“虎豹”衬衫品牌如今已成为系列服装的大牌供应商，企业更是成为响当当的大型集团，旗下有江苏虎豹服饰发展有限公司、江苏金虎豹制衣有限公司、江苏虎豹进出口有限公司、扬州虎豹房地产开发有限公司，业务涉及服装、高级定制、房地产、团购、国际贸易，投资多个领域。

快人快语的蒋迎春说：“虎豹集团是我国国民经济多年快速发展的受益者，在“发展是硬道理”的大环境中，虎豹集团注重持续提升自身的核心竞争力，一心一意谋发展。随着消费者生活水平和生活质量的不断提高、市场购买力增加，高性价比的虎豹服装及其房地产都广受消费者的青睐，市场前景令人乐观。我们就像‘龟兔赛跑’中的‘龟’每天都坚忍不拔地向着希望的彼岸前进，这是虎豹成功的要素。我们这次参加江苏国际服装节，关键的一点是让到场的专业观众、专业买手看到发展中的虎豹集团新面貌!”

现在员工的工资、待遇、福利，面料，辅料和其他费用都在逐年上升，虎豹集团是如何应对的？蒋迎春自信地说：“虎豹集团不怕产品成本上升的问题。在企业管理上，我们特别重视提高工作效率。我本身学的是管理，在日本企业工作过，深知企业管理的重要性。”

“有一件小事也能看出我们管理是怎样抓好细节的，我们根据员工自行车、电动车的大小、颜色，划分不同区域分别停放，不仅美化了环境，对员工提高纪律性，自觉遵守厂纪厂规，爱厂如家也有积极意义，所以行业里有人称我们实行‘西点军校’式的管理。不过，我们着眼的还是讲究人性化的管理；强化新产品的研发，快速推出性价比高的精品‘虎豹’商务休闲装，提高新产品上市销售率，同样是虎豹集团提高经济效益、社会效益的重点工作，这方面大有潜力可挖；舍得投资引进新设备、运用新工艺、培训员工，进一步提高劳动生产率，一直是虎豹集团不懈的追求。这几个要素工作做好了，经济效益非常可观！正是有了财力，加上公司注重感情留人、事业留人，虎豹集团的员工队伍相当稳定，游刃有余地消化了产品成本上升的问题。”

工作中习惯今天的事今天办、工作要讲效率的蒋迎春，生活中也颇有情趣，除了平时挤时间尽量与自己的两个孩子多接触外，星期天要是没有特殊情况，她总是开开心心地陪他们玩，增加彼此的共同语言，享受生活的欢乐，显示了蒋迎春慈母的一面。或许身为职业女性的因素，蒋迎春十分注意学习，哪怕在外面做脚摩，她都会与服务员闲聊，了解他们大体的收入，店里的生意状况，分析“脚摩店”在市场上存在的理由，“强势店”与“弱势店”之间的差异，这些店怎样能做得更好一点……从中悟出黑格尔“存在即是合理”的内涵。意外的收获，对蒋迎春当好虎豹集团领军人物往往有这样、那样的启示。

“虎豹集团不怕产品成本上升的问题。在企业管理上，我们特别重视提高工作效率，我本身学的是管理，在日本企业工作过，深知企业管理的重要性。为此，在营销管理上，虎豹集团投资300万元人民币，建立与代理商连线的信息库，第一时间就能了解‘虎豹’服装在市场上销售的情况，为‘虎豹’服装的销售精准性提供了可靠的科学依据，保证了‘虎豹’服装相对利润的最大化。”

2011年7月，“2011年中国500最具价值品牌”排行榜揭晓，江苏虎豹集团以12.54亿元品牌价值榜上有名，是扬州市唯一入榜企业。自

“中国500最具价值品牌排行榜”发布以来，“虎豹”已6次上榜。

何谓品牌？即在人们心中打上“烙印”。有人说，层出不穷的服装新品牌，就像不断换季的时装“乱花渐欲迷人眼”。而“虎豹”，在其问世的20多年间，一直高擎振兴民族服装工业的大旗，从江苏省名牌产品到首届中国名牌产品，从“江苏省服装行业十强企业”到“中国服装行业十强优势企业”，从江苏省著名商标到中国驰名商标，“虎豹”人创造了中国服装史上一个又一个奇迹。

见证20多年辉煌，让作为“民企二代”的两个女儿再续百年梦想。“虎豹”人目标是打造百年企业，铸就百年品牌，争创百亿销售。虎豹集团董事长蒋茂远说话时语音高亢，双眼炯炯有神：“别不信这‘三百’梦想，我老蒋有一个人生新歌谣：男人五十是花蕾，六十花正开，七十花正红，八十花不败，九十还存在。这正是人有精神不会老。”话罢，爽朗大笑。

蒋茂远的大女儿蒋竹云说：“没有品牌的企业，是没有生命力的企业。”

蒋茂远的二女儿蒋迎春说：“我们永远在创牌，不断为‘虎豹’注入品牌新内涵。”

今天，遍布全国各大城市商业街区的1300多家“虎豹”连锁店，每天向熙熙攘攘的人流悄然传递着“虎豹”品牌的魅力。

品牌是什么？是企业的生命。这是“民企一代”的蒋茂远从“小裁缝”变成“服装王国”掌舵人最深的感悟。品牌是什么？是企业的灵魂。这是“民企二代”的蒋竹云和蒋迎春的共识。

把“小天鹅”带向国际

——重庆小天鹅集团副总裁廖韦佳

廖韦佳，是小天鹅集团廖长光、何永智夫妇之女，1982年4月生，在她16岁的时候，就成为小天鹅集团董事。初中毕业后到美国读书，爱好文学艺术，24岁曾出书《星条旗下的中国宝贝》，轰动一时。目前她拥有小天鹅集团20%的股份，个人身家上亿元。她是小天鹅集团最年轻的董事，她是中国最年轻的富豪之一，而她还是小天鹅集团唯一的接班人。

对于自己的选择，廖韦佳并不后悔，她说：“我是父母唯一的继承人，我只有暂时放弃自己的爱好，等回国把小天鹅事务理顺后，再到国外发展，有机会也会与自己的爱好结合起来，成立新的公司，把小天鹅带向国际。”在国外学习和工作这么多年，廖韦佳对企业管理有自己独到的观点。她认为，企业做大关键在用人，家族成员的努力和忠诚，在创业之初很有用，但企业做大之后，弊端就出来了。企业不仅是一个人或是某几个人的，它也是社会的，她主张企业一定要改变家族式管理。2008年，小天鹅集团“少东家”廖韦佳从美国回渝任职，担任集团副总裁。一年后，父母决定给她1000万元创业基金，“我们想锻炼女儿的独立运作能力，让她更快成长。”

“民企二代”的廖韦佳，是小天鹅集团创始人廖长光、何永智夫妇的独生女，1982年4月生，在她16岁的时候，就成为了小天鹅集团董事，初中毕业后到美国读书，爱好文学艺术，24岁曾出书《星条旗下的中国宝贝》，轰动一时。目前她拥有小天鹅集团20%的股份，个人身家上亿元。

她是小天鹅集团最年轻的董事，她是中国最年轻的富豪之一，而且，她还是小天鹅集团唯一的接班人，但她会因为个人爱好而放弃父母的产业吗？

作为“民企二代”的廖韦佳，一直喜欢国际传媒业，读大学就准备学这个专业，但父母要她学经济管理，将来好接班，所以她放弃了自己喜欢的专业。她说：“我是父母唯一的继承人，我只有暂时放弃自己的爱好，等把小天鹅事务理顺后，再到国外发展，有机会也会与自己的爱好结合起来，成立新的公司，把小天鹅带向国际。”

温馨的一家子

小天鹅火锅的创业成功堪称重庆餐饮业的一个传奇，其现任集团总裁何永智更是赢得“火锅皇后”的美誉。如今，小天鹅集团创始人廖长光、何永智夫妇已到知天命之年，而他们的独生女儿廖韦佳也已在美国求学7年。对于企业接班问题，两代人并不急于求成。作为“民企二代"的"小小天鹅"廖韦佳说，她目前准备向国际传媒业发展，她以留学美国为背景撰写的纪实作品的出版，增强了她从事国际传媒的决心。而父母对女儿的期望则是：只要能学到真本事，这个"窝"迟早是她的。

"民企一代"的廖长光，曾下乡当过8年知青，1982年与妻子何永智创办小天鹅火锅。现为重庆小天鹅投资控股集团董事局主席，第九届全国人大代表，重庆市政协常委。

尽管廖长光已经50出头，但身板显得非常硬实。提起宝贝女儿，他的脸上漾起笑意，虽然小天鹅集团掌舵人的交接班问题还未提上议程，但女儿的聪明、美丽、独立、进取以及全面的素质和良好的教养，让他对女儿本人及企业的前景都充满信心。

廖长光直言，对女儿的教育，他们家有自己的主张。为了避免女儿沾染上独生子女家庭常有的娇生惯养、依赖性强等毛病，也为了避免他们打拼的这个商人圈子的一些不良习气可能给孩子带来的负面影响，在女儿上学一直到出国前的10来年时间里，他们都是把她以全托的方式寄宿在老师家里。因此，女儿从小就很独立懂事，读书也很勤奋。廖长光介绍，那段时期正是小天鹅从创业起步到发展壮大的关键时期，他们陪伴女儿的时间很少，对女儿的宠爱也不多。女儿在外语学校住读初中的几年里，他们也只去开过一次家长会，其余都是保姆代替。但女儿很理解父母创业的艰苦与辛劳，曾经在一篇作文里饱含深情地请求"妈妈，你歇歇吧"，令老师十分感动。

廖长光说，女儿初中毕业去美国读书时还不到16岁，是独自提着两个大箱子去的。在国外，女儿得到了多方面的锻炼，事无巨细，收放自如；无论是在国内企业还是国外大公司实习锻炼，都尽心尽力，获得很高评价；利用课余时间打工体验生活，第一次挣到50美金就不忘给爸爸妈妈买礼物寄回，认为意义不同；着装虽买名牌，但从来都是等到圣诞节打折最低时……廖长光说，让下一代了解父辈创业的过程与艰辛其实对孩子的成长很重要。他们本是1982年以3000元的价格转手将一处房产卖出去净赚2000多元后，花500元在当时重庆最热闹的市中心八一路买下一个16平方米的小门面，开始做火锅餐饮的。

“记得当时她外婆抱着出生不久的廖韦佳，让她用小手摸着那沓厚厚的人民币不住感慨：我活了一辈子，还没见过这么多钱，这都是你爸妈费力挣的呀！这情景至今历历在目。”廖长光自诩不是一个好工人，却是一个很好的商人，凭着天分和悟性，善于捕捉很多商机，而在女儿身上，他认为这种天分已经更上一个层次了。他透露，他们夫妇俩曾非正式地与女儿聊到过接班的话题，女儿很懂事地表示：如果爸妈非要她来接管企业，她也可以回来，但是目前她对国际传媒业更感兴趣，希望今后能成立自己的公司，检验自己的能力。廖长光非常支持和尊重女儿的想法，并一再告诫女儿：“肯定会有坎坷，但不要因挫折丧失意志，只要100%努力了，失败了还可重来。”

“民企二代”的廖韦佳，1998年前往美国求学，先在洛杉矶读完高中，后进入西雅图华盛顿大学学习国际工商管理，刚毕业就到洛杉矶学习国际传媒专业。廖韦佳是这样描述她当时的心情的：“新学院在世人瞩目的好莱坞旁边，我感到离自己童年的梦想又近了一些。西雅图是一个美丽宁静的海湾城市，我在那里生活了7年多，要离开还真是有点舍不得。”

对这7年多的经历，廖韦佳说：“我写了厚厚几大本日记，现在以它为蓝本，创作完成了一部28万字的纪实作品，书名还没定。国内有一部反映英国留学生生活的自传体电影《时差七小时》，给了我一些启发，我写的这本书不是自传性的，一共写了3个出身中产家庭的中国女孩在美国成长的故事，她们把一生中的花样年华给了这个遥远而富庶的国度，生活在别处也有不同的人生滋味。”

廖韦佳回忆：“初中毕业就到美国求学，是我自己坚决要求的。那个周末一家人聚在餐桌前吃饭，妈妈问我为什么每次司机送我到外语学校，总要求把车停在远远的角落，自己走进校门。我无言以对，但心中明白，我不愿就这样做一个骄傲的公主。从小跟我生活时间最长的是保姆，然后是巴蜀小学的黄老师、郭老师和成都盐道街小学的李老师，直到初中在外语学校住读。记得李老师家只有两间房，我和她女儿住一间，厕所是一层楼共用，每天清晨第一件事就是倒痰盂，每天的零食就是一块饼干。我从来没有体会到书上描写的有钱人家的奢侈享受，我父母在我心目中就像一个国有工厂的书记、厂长一样普通。"

作为"民企二代"的廖韦佳感悟道："其实在我比较小的时候，父母就有意让我参加公司的一些会议，接触经营管理的内容。我终于意识到父母财富的意义，就是给我将来的发展创造一个较好的平台。"

和"小天鹅"共成长

重庆小天鹅集团的唯一接班人廖韦佳从美国留学归来，参与公司的管理和运作。虽然她的兴趣是向传媒业发展，但家族使命，让廖韦佳只好作出让步。但她的母亲、小天鹅集团总裁何永智却对女儿继承家业的前景充满信心，"道路依然艰难，我们拭目以待!"

"民企一代"的廖长光、何永智夫妇，1982 年白手起家创办重庆小天鹅集团，集团现有资产近 7 亿元，总裁何永智更被《华尔街日报》誉为中国的"火锅皇后"。"民企二代"的廖韦佳，和"小天鹅"同年出生，共同成长。初中毕业后，廖韦佳即赴美留学，小说《星条旗下的中国宝贝》就是廖韦佳对那段留学生活的特别记录，她还在美国富国银行做过投资理财工作。

1982 年，廖长光、何永智夫妇在重庆八一路"好吃街"上开了一个火锅店，女主人给它起了个名字叫"小天鹅"，这个小店起初只有 3

口锅，同年，他们的女儿廖韦佳出生。

一边要忙于生意，一边要照顾孩子。在这个抉择面前，何永智在女儿4个月后“抛弃”了亲情，用近乎“绝情”而又似乎合理的做法，将女儿寄宿在老师家里让其成长，“现在看起来绝情，但这对她来讲是利大于弊，因为远离了生意场，她没有沾染一丝痞气，而是学会了独立做事，并懂得如何与人相处”。从廖韦佳3岁开始，她先后寄宿三位老师家中，两次辗转成渝两地，在这段“寄人篱下”的生活中，廖韦佳坚强、果敢的性格逐渐浮出水面。

15岁这年，廖韦佳已出落成一个亭亭玉立的大姑娘，小天鹅事业也越做越大。就读于外国语学校的她，学习成绩却并不理想，“能不能考上重点高中，我心里都没谱儿！”廖韦佳开始为自己的前途思考起来。此时，在这群“非富即贵”的学生当中，突然吹起了一股“留学风”。“小时候，我和父母在一起的生活本来就很少，这种孤独加深了我对外国人生活的向往！”当廖韦佳将自己的想法告诉给父母时，何永智夫妇欣然应允。

在最初选择学校的时候，父母也没有给廖韦佳选择今天所谓的“贵族学校”。“在美国很少听有‘贵族学校’这一说法，每个学校都有自己的特点和优势，教育方式也不同于中国，他们很重视个人能力的培养，尤其是注重考查学生的思考和动手能力。”廖韦佳说，美国考试不给具体分数，只有四个等级，高中毕业时她的成绩几乎都是A等，这让她得以顺利进入华盛顿大学。“还有，美国的大学生几乎都在勤工俭学，我也不例外，有时候要同时做几样工作。”2006年12月，廖韦佳就把自己在美国的这段留学生活写成了一部半自传体小说，还起了一个颇有卖点的书名：《星条旗下的中国宝贝》，书中第一女主角佳琦就是以廖韦佳本人为原型的。

谈到为什么会想到要出书时，廖韦佳说，原因很简单，她到美国后每天都会给妈妈写信，然后往家里发传真。日积月累，这些信竟有20

多万字，主要都是讲她在美国生活和学习的一些体会、感触。细心的妈妈把这些信整理出来印成5本书，分送给家里的亲戚。后来就有朋友建议把这些珍贵的资料整理出书，于是廖韦佳就把从高中开始写的这本书延伸到大学，经过反复构思、修改，最终有了《星条旗下的中国宝贝》的诞生。

今天，“留学热”依然高烧不退，很多“富一代”都以为将孩子送往国外，孩子成为“海归”就可以成龙成凤了。廖韦佳表示，自己写书还有一个目的就是希望这些家长们能清醒一些。“没有正确的态度，在美国那种自由的国家堕落是件非常容易的事情。”

经过几年的海外留学之旅，廖韦佳开始制定人生规划，因为小时候在小天鹅举办的活动中经常客串主持表演，她很喜欢传媒领域，美国黑人脱口秀女主持奥普拉·温弗瑞就是她心目中的偶像，她准备向传媒领域发展。

而作为父母的何永智夫妇此时开始考虑企业的将来，作为唯一的女儿，廖韦佳肯定要继承家业。于是，两代人开始为“要继承”还是“要梦想”进行面对面的“博弈”。最后，廖韦佳作出让步，“父母创业不容易，而我作为唯一的继承人，只有暂时放弃理想参与公司的管理，如果以后有机会再说吧。”

虽然成功地说服了女儿，但何永智夫妇心里却有种说不出来的滋味，“女儿的确长大了，她考虑事情越来越成熟了，让她放弃了自己的爱好，委屈她了”。

事实上，当廖韦佳答应继承家业后，在美国的她就努力试图融入公司的日常管理中，但效果并不理想，甚至一度找不到方向，“我找不到自己在公司的位置，不知道该做些什么。”

这个时候，廖韦佳的华裔男友成了她幕后的“军师”，在他的帮助下，廖韦佳开始进行深入的调查，通过和美国多个知名公司的对比，她发现小天鹅以及洪崖洞的企业文化并不健全，“企业文化是一个公司的精神支柱，网站都不常更新，这样的企业哪里能走向国际。”找到了这个切入点后，廖韦佳开始找到了方向，她要求母亲授权给她，自己要做企业文化方面的营销以及推广。

如今，廖韦佳经常组织召开集团跨地域的电视会议。“这些东西我就不懂，这或许就是我们两代人之间的差距。”何永智笑着说。

何永智非常关爱孩子，“以后你回中国，和我们住在一起，家里房子很大，还有保姆照顾。”廖韦佳却连声说“No”，“我宁可租一个小单元，自己洗衣做饭，也不会跟你们一起住。”在这个漂亮的重庆女孩身上，显示了干练、独立和自信。廖韦佳非常清楚自己的定位，“我不希望将自己定在美国或中国，我应该像国际人，不仅是美国，还要打开整个北美市场、欧洲市场。”

“经过一年来的观察，我觉得佳佳已经能够独当一面了。”何永智说，她和爱人已正式作出决定，将在今后的5年内，帮助女儿完成公司全面管理的交接任务，“我们对她继承家业的前景充满信心，但道路依然艰难，我们拭目以待！”

对于如何完成家族企业交接，何永智表示需要注意两点：首先要重视两代人的沟通，“我们接受的教育有限，作为‘80后’的一代，他们的思想和想法虽然很多，但大多不切合实际，这点需要平等交流，不能强加灌输。”其次，要注意各自团队的交接与互助，所谓“一朝天子一朝臣”，每个管理者都有自己的团队，如何让他们能甘心为下一届管理层服务，也是不容忽视的。

书香美女轰动渝

2006年12月1日上午10点—12点，重庆新生代旅美作家廖韦佳

《星条旗下的中国宝贝》"全国首发新闻发布会暨专家研讨会"在洪崖洞3楼展厅隆重举行。这也是由第十七届全国书市（全国图书交易博览会）组委会与重庆新华书店集团联合主办，重庆小天鹅投资控股（集团）有限公司、智谷公关公司承办的"书香重庆 文化中国——读书改变我们"系列活动之一。新浪网、大渝网、人民日报、中华读书报、文学报等全国知名媒体及重庆各主流媒体到现场作了报道，重庆作协主席黄济人还当场宣布：吸纳廖韦佳小姐为作协会员，并当场向她颁发了重庆作协会员证。

在新闻发布会上，廖韦佳小姐将捐赠三峡库区的1000册书交到了"书香形象大使"文雯的手中。这一爱心举动立即赢得了大家热烈的掌声。廖韦佳呼吁更多的社会力量热情参与，共同支持三峡库区文化建设。

重庆小天鹅集团董事局主席廖长光非常激动，决心为自己的女儿投资，把这本书改编成电视剧，在全国播放。

"读书改变我们"作为第十七届全国书市（全国图书交易博览会）的文化概念，将有力推动"书香重庆　文化中国"这一主题在重庆和全国的演绎，随着当时全国书博会各项活动在重庆洪崖洞、解放碑CBD广场等城市中心的举办，全国书博会在地方与全国已取得了很大的影响力。

"读书改变我们"不仅仅是一个文化传播概念，同时更是一个系列文化、图书与作家、读书活动的广宣推动平台。因此，廖韦佳小姐以及其所著《星条旗下的中国宝贝》一书在国内的首次发行，作为全国书博会在重庆举行的首场新书与作家签名售书、赠书的一个具体活动，从而使《星条旗下的中国宝贝》的新书发行活动获得更大的反响与影响力。

12月2日下午3点—4点，廖韦佳在解放碑重庆书城了举行《星条旗下的中国宝贝》现场签售会。活动现场气氛热烈，来自书博会指定传播平台的智谷公关公司也派来了书香美女到场助兴。读者排队争先购买这名美女作家的新书。短短一小时内就签售了近60本书。

《星条旗下的中国宝贝》一书讲述了3个来自中国的女孩在美国成长的故事。她们经历不同、性格各异，有着不同的家庭背景，她们相识在美国一个小城市，并逐渐成为了最亲密的“三人党”。8年留学生涯里发生了很多事，3个怀揣梦想的“中国宝贝”也在相同的起点下走向了各自不同的结局。该书语言轻松俏皮，故事情节一波三折，既带有东方女性细腻的情感倾诉，又传达出简洁明快的美国式观念，几乎就是一幅在美华人留学生生活的浮世绘，看点颇多，在新生代女性写作中值得一读。此外，该书系作者廖韦佳的处女作。

“富豪女出的书，有没有意思呀，是不是写来耍的?”重庆“民企二代”廖韦佳的新书上市，也引发了一些人的疑问。

来自中国作协和重庆市的文学专家在研讨会上称，该书虽然是一部半自传体小说，但语言轻松俏皮，故事情节一波三折，在新生代女性写作中值得一读。当天，重庆市作协正式宣布吸纳廖韦佳为会员。

“决不购买书号，这是原则。”廖韦佳说，“《星条旗下的中国宝贝》不仅不是买的书号，还赚了一笔稿酬，虽然不多。我从没想过能成为作家，只是想把自己的亲身经历与大家分享，让中国的孩子们了解美国的生活。”

“小时候，我最大的梦想就是当演员。”廖韦佳从小就想成为明星。童年时的廖韦佳能歌善舞，经常主持学校的大型活动，还在小天鹅进行演出。进入华盛顿大学后，她还担任了中国留学生学生会副主席，每年圣诞、春节等大型活动都是由她组织和主持。

廖韦佳说，她清楚地知道自己最终会回来掌管家族事业，所以最初学的专业都是与经济有关的。但廖韦佳并没有放弃心中的梦想，她心中的偶像是美国黑人脱口秀女主持奥普拉·温弗瑞，所以她又选择就读传媒专业。

国外打工女

提及自己的女儿，小天鹅集团总裁何永智总是笑容满面，“我女儿比我优秀，她不仅智慧、优雅，而且还很漂亮。”

何永智对女儿的定位是：将来肯定是要经营小天鹅，但她自己也要走创业之路，在美国开餐厅开连锁店，有经验后再回国接任家族事业。

“民企二代”的廖韦佳，正如她的母亲何永智所言，是一个举止优雅的年轻女性。但令人难以置信的是，这位富豪之女在读书之余，每天还要打 3 份工。当然廖韦佳打工不是为赚钱，而是想充实自己。

廖韦佳说，她卖过衣服，当过助教，作过市场调查，还曾担任通用中国公司全球副总裁的助理。“其实父母对我没有要求，是自己在美国 8 年多的时间里，受到美国教育的影响，认识到对自己的尊重就是要独立。在回国的前一个月，我每天要打 3 份工。”如此忙碌的生活，廖韦佳却丝毫不感觉疲倦。她说，“我喜欢快节奏的生活。”

长期生活在美国，但廖韦佳时刻关心着小天鹅的经营状况。刚到美国时，她每 3 天就要写一封家书传真回国。由于妈妈总爱拿着家书向公司员工炫耀，廖韦佳便改为每周通一次电话。

5 年前，廖长光、何永智夫妻俩的事业进入一个转折点，加上年纪增大，廖韦佳在电话中能深深感觉到父母的寂寞，正因如此，人虽不在父母身边，可廖韦佳的心却和父母很近，无论如何，每天她都会打一个电话回来。电话里，她会关心公司的经营、销售情况，也会向妈妈讲述自己在美国的近况。

廖韦佳每次回国度假，都会跟着妈妈到处跑，趁机了解公司，如今已成为总裁助理。

把小天鹅的连锁公司开到美国，是廖韦佳即将实施的计划。其实，小天鹅现在在美国也有餐馆，但做的是中餐且档次不高。廖韦佳从在泰国餐馆打工中受到启发，决心利用自己的国际化优势，来提升小天鹅的国际化程度。同时，将制度和结构更加规范化，让小天鹅集团下属的一两个公司能够上市。

“在西雅图开第一家火锅样板店，打好根基后，再向大城市进军。”廖韦佳对于未来雄心勃勃。

进入华盛顿大学后，她还担任了中国留学生学生会副主席，每年圣诞、春节等大型活动都是由她组织和主持。廖韦佳说，她心目中的偶像是美国黑人脱口秀女主持奥普拉·温弗瑞，她是自己的方向，所以选择就读传媒专业，并计划在西雅图新建小天鹅在美的首家火锅店，把小天鹅带向国际。

那有无计划涉足传媒业？“民企二代”的廖韦佳表示，也要看机遇，也许在餐饮发展稳定后，她会考虑展开传媒事业。像奥普拉·温弗瑞一样，缔造一个无人企及的传媒帝国。

五年后决定自己的去留

2008 年，小天鹅集团“少东家”廖韦佳从美国回渝任职，担任集团副总裁。一年后，父母决定给她 1000 万元创业基金，“我们想锻炼女儿的独立运作能力，让她更快成长”。

做了父母做不到的事。在美国读完大学后，廖韦佳在西雅图富国银行工作了一年。2008 年年底，她回到重庆，担任小天鹅集团副总裁，主管行政和人事。“从近一年的工作情况看，佳佳表现得很不错，做了很多父母做不到甚至想不到的事情。”何永智说，这一年来，廖韦佳不仅将洪崖洞重新定位，还引进了诸多国外品牌。廖韦佳刚回重庆时，明显感到不适应和困惑，自己的想法也时常被父母否定。一年多来她逐渐懂得，理想和现实有很大差距，想干事业必须有耐心。

熬夜做创业计划书。按照何永智的计划，1～2 年内，他们将为廖韦佳提供一笔1000 万元的创业基金，让她拥有自己的公司。这笔钱用于成立两个单独的公司，一家是品牌连锁企业；另一家是商品生产厂。"现在，佳佳正在做计划书，经常熬到晚上 11 点到 12 点。"何永智说，与老一辈企业家不同，"民企二代"的观念更为国际化，他们并没有因为自己是未来掌门人而高高在上，而是强调要与员工融为一体；他们做事情非常有计划性："在'民企二代'身上，我们看到的更多是职业经理人的影子，而不是发号施令的角色。"

不过，作为"民企二代"，她与父母在管理上还是存在许多分歧。在洪崖洞 6 楼，有一个高档餐厅，廖韦佳上任后，提出将这家餐厅改造为员工食堂。考虑到餐厅可以出租，这样的建议刚开始被何永智夫妇否定。"我认为企业要发展，首先要善待员工。"几经周折，廖韦佳的建议才被采纳。

"在国外待久了，我很多观点和父母不一样。"廖韦佳认为，父母有丰富的经商经验，但观念还有待国际化。

"回国时，我有很多想法。"廖韦佳表示，经过实战后发现，理想和现实有很大差距，想干事业必须有耐心。

让廖韦佳最不适应的，是公司上下级区分得很明显。她说，这导致公司内部信息传递不畅。另外，在美国，大家都把生活和工作分得很清楚。但在重庆，下班后同事经常聚在一起吃饭、喝酒，很多人把工作、生活融为一体。

廖韦佳计划在中国待 5 年，在这个过程中，把小天鹅打造为国际性企业，实现餐饮板块上市，之后再决定是出国还是继续留在国内。

至于有一天是否会接下父母的产业，廖韦佳表示目前还是未知数。

她认为，国外的百年老店都不是家族式接班，“父母和我谈过这个问题，但我不一定要当企业最高决策者，也可以只是高管加股东”。

“‘民企二代’并不都是含着金汤匙长大，从某种程度上讲，我们是高处不胜寒。”廖韦佳笑称，她肩负着企业发展的责任和义务，无法按照自己的喜好生活。

万众惠通练精英

——吉林万通药业集团有限公司总裁潘巍

潘巍历任万通药业市场部科员、部长、营销公司总经理、公司副总经理、万通集团有限公司总裁。在大学期间主修中文专业与会计专业。2001年被父亲以接班人的身份委派进入万通，职位是最底层的市场部科员。进入万通几个月之后，就被任命为万通药业市场部部长，她在市场营销决策上有了更多的决策权。而后，潘巍被提升为万通药业有限公司总经理兼万通集团副总经理。在获得更大的权力之后，潘巍更加强化了其对“无情制度”的管理。具备自信、创新和强烈学习精神的潘巍终于没有辜负父亲的殷殷厚望。2005年，万通遍布全国各地的460多个“销售舰队”创造了5.2亿元的销售额。潘巍本人也被推举为“全国青联委员”，并荣获“全国三八红旗手”荣誉称号。再后，她被推举为万通集团总裁，迈出了接班的关键一步。她致富思源，奉献社会，个人出资10余万元，成立了“潘巍助学金”，资助了近百名特困学生，她还出资5000余万元捐助社会公益事业，为家乡修桥筑路，为四川地震灾区和广大患者捐款赠药。

作为“民企二代”的潘巍，是万通药业集团有限公司创始人潘首德的女儿，她思想敏锐，勇于创新。她在药品营销界首次提出“差异化营销、品质营销、知识营销、细节营销、服务营销”五位一体的整合营销理念，亲手组建了独特的万通药品营销管理模式，市场营销网络遍及全国31个省（直辖市、自治区）、306个地级市和3000多个县（市），营销团队发展到1600多人。

她善于学习，精通管理，提出了“思路清晰、目标明确，措施得当，执行有力”的营销管理理念，对员工实行“无情制度，有情管理”，使营销团队成为一支团结战斗的集体。她讲究商德，诚信经营，她视公司信誉高于一切，十分注重企业文化、员工素质和产品质量，使公司产品备受消费者的青睐。她勤奋敬业，励精图治，在她的带领下，企业步步走向成功，实现着“关爱万众，天人惠通”的企业理念。

童言无忌的“总经理”

在潘巍心目中，父亲潘首德是英雄，是榜样，是一面威风凛凛的大旗。

潘巍说：“受家庭影响，我从小就有经商意识，感觉自己也有这方面的天分。"

上小学时，老师曾提出那个很经典的问题："将来的理想是什么?"同学们纷纷答科学家、解放军、老师、运动员，等等，只有潘巍一个人脱口而出："总经理"。

大学主修了会计与中文两个专业的潘巍，1999 年毕业后义无反顾地选择了自己创业。

潘巍从父亲那里得到 50 万元的启动资金开了一家服装店。她找到一个空白点：男士们热衷西装革履，穿西装需要配衬衫，但当地尚无一家衬衫专卖店。

"衬衫店每天都营业到很晚，顾客非常多。我们经常一大车一大车地卸货，让别的店都羡慕不已。"潘巍认为，之所以生意兴隆，一方面是商机把握得准；另一方面是因为服务到位。

潘巍说："我爸对我的引导也很重要。经营过程中，他给我出了很多点子。"潘首德则感觉，通过服装店，他看到了女儿身上许多令人欣喜的经商潜质："会管理，店面打理得井井有条；会用人，对老会计批评起来不留情面，用起来又充满人文关怀；作风严谨，做事细致，严格按规章制度办事，处理问题果断……"

两年时间，潘巍开了两家服装专卖店，挣得纯利润 100 多万元。最重要的是，潘巍在商场得到了许多磨砺，开阔了视野。

父亲则认为，潘巍的服装店这个平台，对她来说实在是太小了。

同时，2000 年 6 月 19 日，万通由国有企业转制为股份制企业，潘首德也从国企老总的身份转换为民营企业家。从那一刻开始，他就意识到未来接班人的问题，便将已在商界崭露头角的长女潘巍列入了候选名单。

"要打造'百年万通'，不是一两代人就能完成的。我现在 50 多岁，必须着手培养接班人，培养企业的年轻人。"潘首德认为，女儿最大的特点，一是悟性强；二是勤奋；三是严谨。

应父亲之邀，潘巍帮助父亲一同打理万通。她清楚地记得进入万通的那个日子：2001 年 2 月 5 日。

虽然是父亲的公司，但潘巍并没把自己看得特殊。“我告诫自己，要以普通员工的身份出现，从基层扎扎实实做起。”潘巍语气平静而坚定。

潘巍的第一个岗位是市场部科员。她认为市场部业务多，是“最能学到东西的地方”。当时全国医药市场正处于快速发展的阶段，刚步入快车道的万通急需招聘大批人员，但那时万通的名气还不大，广告打出去，应聘者寥寥无几。负责这项工作的潘巍，仔细分析求职者心态，亲力亲为走出去宣传企业，介绍企业政策，与毕业生谈心，为应聘者培训，仅在白山市工业学校，她就一次性招入 30 名优秀毕业生。同事惊讶于潘巍的“效率”。

凡事想在同事们之前，做在同事们之前。从认可潘巍勤奋的态度、踏实的作风开始，到认可她与众不同的思路与无可争议的成绩，同事们对她很快折服。几个月后，市场部部长离职，推荐考核新任部长人选时，潘巍以绝对优势当选。

2002 年年初，潘巍升任营销公司副经理，成为公司中层干部。对于已经步入正轨的药厂来说，关键是产品如何大规模进入终端客户，所谓“渠道为王”。当时万通药业仅在 4 个省设有销售网点，潘巍的雄心壮志是要迅速组建一支庞大的销售队伍。她先后招募培训的 1200 多名销售员奔赴全国 31 个省、300 多个地级市、100 多个经济强县，她的宏伟蓝图一步步地变为现实。

两代人的碰撞与磨合

在生活中，潘首德与潘巍是父女关系；工作上，两人是地道的上下级关系。在公司，两人从来都是以职务相称，有什么不同意见，双方也会展开激烈争论。

潘首德印象较深的一件事是，他想往营销公司安排一个阅历丰富的"老手"，女儿说啥也不同意，硬是把这个人给"退"了回来。摩擦源于父女两代不同的用人观念。"我倾向于用老成持重的，这些人身经百战，有多年经验，来之即能战。潘巍则愿意用年轻人，认为他们有朝气，充满激情，有进取心，富有创新精神，她宁可花大成本去培养、选拔年轻人。"潘首德说。

"年龄结构不同，自身经历及外在大环境不同，我们在经营理念、管理方式上，肯定是存在一些差异。"潘首德并不隐讳与女儿间的"碰撞"，"我自己比较传统，相信传统理念，比如，我认可'用人不疑，疑人不用'。有些老员工犯了错，我的想法也是'宽以待人'，能过去的就过去。潘巍呢？她重视制度建设，用制度去制约权力、监督权力，奖惩分明，实行'无情制度，有情管理'，是一种现代化的企业管理手段。"

一个身经百战，积淀深厚，宝刀不老；一个思维活跃，锐意创新，敢为人先。尽管有分歧，父女二人总体配合还是很默契，在大的宏观决策及发展战略上，能很快达成高度一致。

在外界看来，一向不喜欢张扬的潘首德正渐渐把女儿推到前台，"我希望，潘巍不仅成为我事业的接班人，成为吉林省企业界的佼佼者，而且希望她靠自己的天分与努力，成长为一个真正的民族企业家"。

潘巍没有辜负父亲的殷切希望。一年 12 个月，她有近一半时间奔波在全国市场上。2005 年，万通遍布各地的 460 多个"销售舰队"创造了 5.2 亿元的销售额。潘巍本人也被推举为"全国青联委员"，并荣获"全国三八红旗手"荣誉称号。

"和同龄人相比，潘巍出类拔萃，她做事有思想，行事有章法，显得非常成熟、老到。”万通集团党委副书记兼董事长办公室主任孙焕杰有30多年的机关工作经验，她断言：“潘巍必有大前途。”她认为，民营企业家选子女做接班人本无可厚非，关键要以生产力标准来衡量，只要子女能带领企业走向辉煌，就是正确的选择。

或许，在有些人看来，潘巍能取得现在的地位和名气，主要来源于其有一个“当老板”的父亲。对此，潘巍也从来不忌讳，在她看来，父亲就是她的榜样。

也正是受父亲常年游弋于商界的影响，潘巍从小就对经商产生了浓厚的兴趣。

鲜为人知的是，正是由于潘巍的加入，万通才实现了从一个“个体户”性质的地方小厂到现在的吉林乃至全国知名大型制药集团的重大转变。与绝大多数子承父业的接班人不被企业管理层认可不同的是，凭借着优异的业绩表现，潘巍获得了万通集团的一致拥护和尊敬，甚至还获得了“万通女教父”的美誉。

种种迹象表明：作为“民企二代”的潘巍，正在努力地超越父辈。

铁腕营销的天使

从开服装店事情上，潘首德发现了女儿身上具有很多经商潜质。“会管理，店面打理得井井有条；会用人，对老会计批评起来不留情面，但又充满关怀；作风严谨，做事细致，严格按规章制度办事，处理问题果断。最重要的是，潘巍在商场得到了许多磨砺，开阔了视野。”潘首德如此评价女儿。

同时，潘首德认为：仅仅是一个服装店，对于潘巍来说，平台太小。与此同时，越发自信的潘巍也希望能有个更高的平台来展示自己。

一拍即合之下，被委以父亲接班人身份的潘巍于2001年2月5日进入了万通，职位则是最底层的市场部科员。

进入万通几个月后，由于表现突出，潘巍不久就被任命为万通药业市场部部长，她在市场营销决策上有了更多的决策权。相对应的，由于阅历、年龄、知识结构等不同，她与父亲潘首德的碰撞也就逐渐多了起来。

由于当时的公司正逐步走上正轨，发展也步入了快车道，市场营销人才极度紧缺，只能采取外聘的方式。此时潘首德从业绩稳定的角度考虑，希望能够多招收一些有一定行业经验、老成持重的人，因为这样的人身经百战、有多年经验，来之即能战。而女儿却反其道而行之，主动到学校招聘了大量的刚毕业的学生。在潘巍看来，有朝气、充满激情、有进取心、富有创新精神是这些刚毕业的大学生的特点，她宁可花大成本去培养、选拔年轻人。以至于父亲出于稳定销售队伍的考虑，在市场部安插的一位“老手”也被潘巍坚决给退了回来。

与此同时，启动了市场布局的调整，重组企业市场营销组织，并将区域营销管理者洗牌，建设重点市场。而后，潘巍又提出建设全国市场网络的提案，并付诸实施。

在大力开拓市场的同时，她还不忘制定和完善公司的各项营销制度，强化万通药业市场营销的软实力建设，强调通过“无情”的制度来约束员工，尽可能地减少人为因素的影响。

2001年年末，江苏省市场告急，一年多的时间竟亏损198万元，销售人员串货透货、贪占货款等问题冲击着企业的正常运作。潘巍立即着手深入调查，摸清问题存在的原因后，全力整顿江苏市场。同时委派市场部的专门人员坐镇江苏，并对这个市场的营销队伍进行了一次“大换血”。

不辜负父亲的厚望

虽然潘巍的很多做法在父亲潘首德看来具有很大风险，但是万通药业的强势发展势头，也使得潘首德不得不对女儿的管理风格口服心服。“她的管理方式是先进的。”潘首德后来多次表态说。

2003 年，潘巍被提升为万通药业有限公司总经理兼万通集团副总经理。年仅 28 岁的潘巍已经坐上了年销售额达 6 亿元、位居吉林医药三强之列的吉林通化万通集团总经理的位置，不得不让人艳羡。

在获得更大的权力之后，潘巍更加强化了其对“无情制度”的管理。陕西渭南市分公司经理是潘巍的表妹，2003 年，潘巍的表妹因其负责的市场未有起色而被撤职。这显然不能让具有浓厚家族观念的潘首德接受，潘巍的亲属也几次责备她的无情，但是都被潘巍给挡了回来。

但是在“无情制度”的背后，潘巍还以女性特有的细腻，实行“有情管理”。

2004 年潘巍在长沙市场调查时，见营销员一般都是早晨五点起床，晚上六七点下班，辛苦异常。于是决定由企业拿出一部分资金，为营销员无息贷款购车，并且每月给予 1200 元的车辆补助费。这不仅减轻了营销员的劳动强度，更重要的是提高了工作效率。

两年来，全国各省市级营销员贷款购车量已达到 500 多辆，为企业进一步扩大市场占有率创造了条件。在全国同行业，以这种方式购车、养车，潘巍首开先河。潘巍相信：只要给予员工以适当的手段和主动支持，他们愿意去努力工作，并一定会做得很好。也正是由于这种信任和尊重，她的改革才能取得员工们的理解和支持。

在产品趋同、药业生产厂家众多的今天，产品已经不再是决定销售者是否愿意掏钱购买的唯一理由。如何传播万通品牌，让万通品牌更有特色，让更多的消费者记住万通品牌，成为了潘巍急需解决的一大难题。

2003年年初，她借助优秀小品演员范伟在观众中深刻的幽默形象，请范伟制作了“万通筋骨片”、“景志安神补脑液”等产品广告，并在全国产生了轰动效应，几乎家喻户晓。

2005年“万通筋骨贴”上市，正好赶上全国流行FLASH动画广告，她又有了新创意，与长春一家广告公司策划设计了一部时尚版的动画产品广告，使新产品以“新形象、老印象”的风貌，吸引了更多的消费者，这在全国医药企业还是第一家。

具备自信、创新和强烈学习精神的潘巍终于没有辜负父亲的殷切希望。2005年，万通遍布各地的460多个“销售舰队”创造了5.2亿元的销售额。潘巍本人也被推举为“全国青联委员”，并荣获“全国三八红旗手”荣誉称号。2006年，她被推举为万通集团总经理，迈出了接班的关键一步。

打造风湿类用药

在万通集团总裁潘巍办公室的陈列柜里，摆放着“全国三八红旗手”、“吉林优秀女企业家”、“吉林省十大杰出青年”等各种奖杯，它们不仅显示了潘巍取得的成就，也说明了几年来潘巍为企业付出的努力。

2001年，潘巍走进了刚刚由国企转制为民企的通化万通制药厂。当时的万通，还处于小规模经营、低产值利润的状态，潘巍在市场部任科员，她认为只有在这样的地方，才能学到东西。当时潘巍负责营销员的招聘工作，可广告打出去，应聘者却寥寥无几，企业领导十分着急。看到这些，潘巍便带着同事到各地学校进行企业宣传，介绍对员工的优惠政策，经她这样一宣传，效果事半功倍，仅在白山市工业学校，她就招回了30名优秀毕业生，解决了营销员短缺的难题。

接下来的几年里，潘巍由于表现突出，先后担任了市场部部长、营销公司副总经理、总经理等职务。为了更好地发展企业，潘巍决心攻读清华大学工商管理学硕士，在清华大学学习的一年时间里，她汲取国际上营销学的新观念、新理论，结合中国市场经济特点，创新了“万通模式”，实施了“扩大大中市场、开拓乡镇市场，加强终端市场”的营销策略，组织制定了《公司全国终端市场建设规范》等36项管理制度，较好地规范了营销市场和销售人员的行为。

2008年年初，企业根据发展的需要成立了吉林万通药业集团有限公司，也确立了以后以药业为主导产业的发展方向。5月，在潘巍的努力下，药业集团在原有两家制药企业的基础上，又收购了梅河口和二道江区的两家药厂，使药业集团在原有9大剂型100多个品种的基础上，拓展到现在的15大剂型200多个品种。为了更充分地利用现有品牌和品种资源，潘巍又在原销售队伍的基础上成立了第二事业部，组建了第二支销售队伍，进一步提升了销售能力，使万通的产品在市场上更具竞争力。

指定印刷企业，统一规格、质量、价格，进行定点印刷。严把取暖煤定点采购关。对不是集中供热的部门和单位冬季取暖煤采购，实行统一价格、统一采购、指定采购点的办法，节省了取暖煤的消费支出。严把自行采购结算关。对各单位、各部门自行采购的物品，在年初指导价的基础上进行核销，对价格超出的行为进行严格审查，防止虚报、乱报情况的发生。同时，核算中心建立了拒付登记制度，对没有纳入政府采购范围的项目和支出事项一律不予受理。加强会计凭证稽核和互审工作，对未实行政府采购的业务不予报销，对不合理、不合法的支出事项，照章拒付。2008年前三季度控制不合规政府采购200笔，控制金额达130万元。

企业的发展离不开人才。为了招聘到优秀人才，潘巍把眼光放在了全国招聘，不仅如此，为了留住人才，公司还投资2000余万元，兴建了1.5万多平方米的科技员工公寓，为人才加盟万通、留在万通提供了保障。

功夫不负有心人，从2002年到2007年，万通的销售收入从数千万元跃升到5亿多元。年均完成利税5000万元以上，在吉林省药业规模以上企业中，连续4年成为增幅100%以上的3户企业之一。

成功后的潘巍，始终将回馈社会作为又一项重要工作，她每年都开展各种形式的药品赠送活动，在全国31个省、直辖市、自治区举办以"欢度国庆送健康"为主题的"景志安神口服液药品大赠送"公益活动，全国近10万名患者接受了价值600多万元的药品。2004年成立了"潘巍助学金"，2007年通化团市委联合发起了"潘巍青年创业基金"。2008年的汶川大地震，潘巍在最短的时间赶到四川看望销售员工的同时，还捐赠了价值1300万元的药品及物资。在北京奥运圣火传递期间潘巍当选为"奥运火炬手"。

面对未来，潘巍说，在各级领导及全社会的支持下，我们将充分利用好万通的品牌优势，适时做好低成本扩张，壮大企业实力，充分利用万通筋骨风湿类药品的品种优势，着力打造中国风湿类用药第一品牌，将企业做大、做强。

品牌货真价实

走进通化万通药业，呈现在眼前的是碧绿的草坪环绕的现代化新厂区。厂区占地面积11.5万平方米，建筑面积6万平方米，总资产6.2亿元，现有员工2600余人。这里，从员工的精神风貌，到一流的设备，从忙碌的生产流水线，到源源不断地发往市场的产品，无不使人感受到蓬勃发展的氛围。

十多年前，这个企业曾是一个背负7000多万元银行债务，负债率高达600%的国有亏损企业。当时，现任董事长潘首德走马上任时，厂区一片荒凉，车间破烂不堪，设备锈蚀老化，账面无资金，仓库无原料，市场无产品，企业生存的环境极差，员工苦不堪言。如今的万通药业已迅速完成了从濒临倒闭到崛起的过程，2003年跻身全国医药行业100强，2005年进入《福布斯》中文版发布的“中国企业潜力百强”行列。企业先后被授予“国家级重点高新技术企业”、“国家火炬计划重点项目企业”、中国优秀民营科技企业、全国劳动关系和谐企业、中国农业银行“AAA”级信用企业、全国质量“AAA”信誉企业、全国守合同重信用企业、“东北三省经济效益最佳企业”、“吉林省优秀民营企业”、“吉林省纳税状元”等百余项殊荣。

万通药业如何发展壮大？一个重要的原因就是持续不断地实施品牌战略，靠企业高质量的产品、良好的营销服务、先进的企业文化和自觉回报社会等优秀品质，在社会及消费者的心中树立起万通的品牌形象，以品牌这一无形资产提升市场竞争力，从而实现跨越式发展。

在激烈的市场竞争中，产品质量是打响品牌、赢得市场、赢得消费者满意度的关键。为此，潘首德提出了“造好药，为人民”的企业核心理念。在这一理念的指导下，企业建立了严格的质量保证体系，从原材料进厂、初加工、提取、制剂到检验出库、严格按GMP标准运作，并建立了30多人的质量检测队伍，每年跟踪对产品生产的各个工序进行几千次检查，每月召开质量分析会，使产品出厂合格率为100%。近年来，企业投资近千万元，在全国药材集散地安徽亳州，建起了1000多平方米的原料供应转运站，负责原材料的购进。亳州一位医药经销商说："在这里进货的全国上万个厂家，对原材料要求苛刻的有两家，一家是北京的同仁堂；一家是通化的万通。"多年来，企业购进的几千吨原材料，都是按出口标准和绿色质量标准采购的，这让人想起了企业在初创时期价值数十万元的不合格材料，被潘首德下令一把火烧光的情景。在当时家底还很薄的情况下，数十万元不是个小数目，这一举动引起了广大员工的反思：企业生存靠什么，靠的就是产品质量；员工们保饭碗靠什么，也是产品的质量。多年来，万通的产品经得起市场的检验，赢得了消费者的肯定，从而带来了丰厚的回报，以"万通筋骨片"为例，该产品从2002年至今，始终处于全国风湿、类风湿口服药品中销量第一的地位，年销售额在3亿元以上。"万通筋骨片"、"楼莲胶囊"、"景志安神口服液"被国家五部委命名为"国家重点新产品"，并列入国家火炬项目；"楼莲胶囊"和"消糜栓"被国家食品药品监督管理局确定为"国家中药保护品种"。"万通筋骨片"荣获"中华医药保健品国际博览会金奖"、"全国百姓放心药"、"吉林省名牌产品"、"吉林省百姓信得过药品"。万通商标荣获中国驰名商标。

万通药业把产品创新作为树品牌、兴企业的根本途径，以开发新产品为先导，确立了研制一代、储备一代、开发一代的方针，成立了专门的研究和开发机构，在产品开发中考虑企业近期和长远需要，力求在开发过程中老新结合、中西药结合，针剂、基因药、生物药有所突破。不惜投入资金用于新产品开发。先后开发了荣获国家重点新产品的"万通筋骨片"、"景志安神口服液"、"楼莲胶囊"等一系列新产品，投放市场后，备受患者的青睐。万通药业借助"万通筋骨片"在全国领军地位的优势，把治疗风湿、类风湿的系列药品作为重要的开发领域，积极打造全国风湿类药第一品牌，目前已经形成了以"万通筋骨片"、"万通筋骨贴"、"万通筋骨喷剂"、"万通筋骨巴布剂"、"颈痛灵"等系列产品为主要特色，以"景志安神口服液"、"楼莲胶囊"等12个独家品种为重要支撑的100多个产品系列。

品牌不仅是货真价实的代名词，更是市场竞争的产物。万通药业利用1600多名销售人员的队伍优势和遍及全国32个省（直辖市、自治区）、325个地级市和2800多个县（市）的营销网络优势，通过售前、售中和售后服务和情感营销，让患者认知品牌、识别品牌、认同品牌。企业开通了网上服务热线，每年接待患者达4万人次。建立了患者信息反馈卡，每年登门或电话回访患者1300多人次，从而不断扩大了市场份额。企业先后在全国范围开展了“3·15”树品牌、创名牌和“九九”重阳北京万人登山、告别风湿病以及为军营献爱心、药品大赠送活动，为企业赢得了良好的营销环境，提高了企业品牌形象。面对市场冒用万通名义出售假药的行为，加大打击力度，维护了消费者利益，营造了健康的市场环境。

企业文化是品牌的灵魂。多年来，潘首德先后提出了“诚信立本，勤奋立业，忠厚立人，智慧立财”的行为准则以及“开拓创新，超越自我，少说多做，干就一流”的企业精神，等等，这些文化理念立足于走过的路、做过的事和一贯的行为准则，通过总结和规范，被员工所认可。企业每年有计划地开展招聘、岗前和在岗人员培训，注重提高员工的基本素质和技能。坚持“无情制度，有情管理”，一方面用严格的规章制度规范员工的行为；另一方面，坚持人文关怀，努力在生产和生活方面为员工营造“主人”和“家”的感觉，先后投资1亿多元，进行了3万平方米的厂区园林式绿化、道路硬化和夜景亮化工程。如今，厂区的1.5万平方米“员工园”，集草坪、花卉、果木、雕塑、亭阁、曲径小路于一体，环境幽雅迷人。与此同时，兴建高标准的员工培训室、图书馆、健身房等活动设施，使员工享受到工作餐、洗浴、服用本企业生产的药品、住宿公寓等“八免费”，仅就餐一项每年就要拿出500多万元。与此同时，文艺演出、体育竞赛、演讲会层出不穷，自办报纸、画廊异彩缤纷。节日期间发放福利品，在春光明媚时节组织春游，等等，这些优厚的待遇、丰富多彩的文娱活动极大地调动了员工的积极性，并转化为同心协力、爱岗敬业、甘愿奉献的实际行动，成为企业品牌的有力支撑和依托。

万通药业把关爱社会、造福大众作为自己义不容辞的责任。在企业发展的同时，不忘回报社会，在社会上赢得了极好的口碑。

在通化市重点项目建设中，市政府在扶持通钢冷轧带钢项目中遇到了资金上的暂时困难，面对这种情况，万通药业不惜牺牲自己的利益，慷慨解囊，为市政府提供了5300多万元的资金借贷，解决了市政府的燃眉之急。几年来，万通药业先后收购和兼并了市第二制药厂、市国贸大厦、市国贸大酒店、市印刷厂、市电瓷件厂5家国有企业，妥善安置了5000多名下岗职工和待业人员，主动为市委、市政府分忧解愁，为社会稳定作出了突出贡献。与此同时，万通药业乐施好善，累计捐资1.2亿元，积极参与和支持希望工程、新居工程、抗洪救灾、慈善事业、公益事业等，爱心救助贫困百姓和孤寡老人。捐资100万元，为通化山城百姓举行了规模盛大的“庆祝元宵佳节焰火晚会”。投资为家乡修桥筑路，当地政府和百姓无不拍手称赞。成立了“万通药业救助贫困学生助学金”，积极支持希望工程，每年潘首德和潘巍都抽出时间看望这些学生，使这些家庭极为感动。目前已出资200多万元，资助了200多名特困生。2010年又出资1200万元参与了家乡滨江音乐喷泉亮化工程建设。这些对社会的责任感和善举，使万通的品牌得到了升华，使万通药业在成长历程中更具有社会价值、社会影响力和市场竞争力。

潘巍说：“良好的品牌是制胜的关键，是企业走向成功的必由之路。”如今，万通药业在社会上、在消费者的心中，仍在为树立企业良好的品牌形象而不懈地努力。“万通”人一定会矢志不渝，在打造“百年万通”基业的征程上奋发进取，创造一个又一个奇迹。

为灾区真情“疗伤”

自从四川汶川发生特大地震之后，灾区救援时刻牵动着全国人民的心，各地都在以不同方式慷慨捐助。作为医药产业这个以救死扶伤及人民健康为本职工作的特殊产业，如何在灾难面前发挥它的特殊作用成为全国人民关注的焦点。为此，潘巍说：“医药产业在灾难发生时，正是履行制药救人的社会责任的时候。”

2008年5月12日，四川汶川发生8.0级特大地震的消息震动了吉林通化万通药业集团的上上下下，灾区的救助以及伤者的医疗情况时刻牵动着公司领导和员工的心。5月13日，万通药业集团决定，把灾区最急需的第一批药品马上通过吉林省药监局发往灾区，价值达200万元。

5月23日，潘巍再次向四川地震灾区捐献急需的抗菌消炎、止痛类药品，总价值1000万元。潘巍这样说过：虽然我们远离灾区，但万通人始终与灾区人民心连心；虽然我们未能亲赴抗震抢险第一线，但万通人正夜以继日生产急需药品，给予灾区人民大力支援。愿灾区人民早日恢复生产，重建美好家园！

四川地震给人民带来了巨大的灾难和痛苦，“一方有难，八方支援”，在公司进行捐赠的同时，万通药业公司的员工慷慨解囊。5月15日中午，在短短15分钟内共收到捐款6.3万元。29日，万通药业员工累计捐款20多万元，“特殊党费”1万多元。

在灾难面前，医药产业是如何履行社会责任的？潘首德表示，药业是一个很特殊的产业，生产特殊的产品。万通生产的产品是为人类健康，这就是万通对人民的承诺。在灾难面前，向患者负起特殊的责任，所以万通集团的定位就是"造好药，为人民"。"造好药"是基础，也是万通对人民的承诺；"为人民"是最终的目的，实现药业产业特有的价值。

医药产业要可持续发展，全面地发展就要制好药为人民，注重民生。只有把人民的生命健康放在第一位，不能把眼光一味地放在赚钱上，只有生产出安全药、放心药，医药产业才能持久地发展，才能得到社会的认同。

董事长潘首德讲道："万通药业的发展离不开政府的支持，也离不开社会的关爱。从一个从不盈利的小厂到今天的全国知名药企，发展的动力和源泉都是人民给予的，所以万通药业集团永远用实际行动来回报社会，当国家有难的时候，企业经营者必须肩负起一个企业的社会责任，有难必帮。"

1997 年，时任通化市钟表眼镜实业有限公司董事长的潘首德接手了已经欠债7000 多万元、负债率高达600%、拖欠员工工资以及集资款等200 多万元的通化市第二制药厂。

面对这样一个"烂摊子"，潘首德就是依靠着自己的信誉和努力在1998 年让公司实现了扭亏为盈，全年实现产值 500 万元。2004 年，实现产值 5 亿元，销售收入 4. 2 亿元，利税 1 亿元；2007 年实现产值 6. 2 亿元，销售收入 5. 7 亿元。

潘首德曾经这样说过：万通集团能有今天，一靠党的政策；二靠各级政府的支持。现在企业壮大了，就要投身国家改革大潮之中，顾大局、讲政治、尽义务、作奉献，为党和政府分忧解愁。

他是这样说的，也是这样做的：1998 年，潘首德将面临倒闭的第二制药厂更名万通制药厂，救活企业。2003 年，一次性借款给通化市政府资金 4700 万元解决通化钢铁冷轧板项目征地和拆迁安置费用。2004 年，收购通化市电瓷件厂，接收原有职工 185 人，退休职工 94 人。2005 年，收购国贸大厦，接收职工 404 人，退休职工 259 人……

据统计，潘首德先后挽救、收购和兼并十余家国有、民营企业，妥善安置了5000多名下岗职工和待业人员，为社会稳定作出了贡献。

“君子担道为君民”。潘首德以实际行动践行“为了人类健康，服务到永远”的企业核心价值观。

李惠云是万通药业一名女清洁工，是万通药业的一名老员工，与女儿相依为命。虽然家境贫寒，但当她从电视和报纸上看到四川汶川发生特大地震那惨烈的画面时，她情不自禁、泣不成声。在企业第一次捐款时，她是向同事借了5元钱捐出去的。几天后，单位发工资了，一个月仅有700元工资的李惠云又拿出500元钱捐献给了四川灾区，只留下200元钱作为娘儿俩一个月的生活费。

李惠云说：“这些天，我一直关注着四川灾区的情况，看到那些受灾的老百姓时心里就难受，我虽然没有多少钱，但我还有工作，我家里的困难是暂时的，可灾区的重建是长远的……我只有把我能做到的做好，贡献自己的力量，这也是我回报社会的时候，因为在我最困难的时候是万通集团和社会帮助了我，在四川受到危难的时刻，我不能忘记做人的原则，只要我们大家一起携手，就能让更多的人共渡难关。”

这就是潘氏父女领导下的企业，每一名员工都在用真情为灾区“疗伤”。

追求无止境，事业更灿烂。在未来的征程上，万通集团紧紧抓住振兴东北老工业基地的契机，致力于“做大、做强、做优”和创建“百年万通”的目标，全力打造好万通品牌，推动各产业协调发展。

万通人将在“民企二代”女掌门人潘巍的带领下，矢志不渝，激情演绎“关爱万众，天人惠通”的企业理念，在中医药产业和人类健康事业创造新的辉煌！

推动着能源革命永远向前

——重庆民生能源集团接班人薛蕾

薛蕾是重庆民生能源董事长薛方全之女，现为一家民营电子商务外贸公司财务总监，正在为接班积累经验。2006年，薛蕾大学毕业，有一天被父亲叫到办公室，把他在黑石子的一家气站过户给女儿。从那时起，薛蕾便开始了自己的创业之路。卖一罐液化气利润才2~3元。她记得当时很辛苦，早上7点就要去气站，跑客户、经营什么的都是自己干，每天累得回到家倒头就睡。半年后，气站开始盈利，她便将其托付给别人经营。她从朋友那里听说做电子商务利润空间较大。于是便和3个朋友一起开公司，通过网络向外国人出售商品。虽然是小本经营，但她很快乐，因为那是自己的事业。其实薛蕾创业并不是想赚大钱，只是积累经验为接班做准备。为了学会管理企业，薛蕾曾“隐姓埋名”“卧底”到某银行打工学经验。都说女儿是父母的“小棉袄”，虽然她不在民生能源任职，但每隔3~5天她就会看一看公司的网站。还常给父亲建议，公司需要多一些年轻的血液，他们更活跃，更敢于创新，这样一个企业才有朝气，才有生命力。在管理公司时，父亲有时候会照顾人情。但民营企业若想长久生存，就必须建立一套让所有人都能遵守的制度。作为“民企二代”的薛蕾非常注重企业制度建设。

"不管未来我是否会掌管父亲创造的'民生能源帝国'，但至少现在我要学会靠自己。"薛蕾笑称，"我现在明显感觉知识不够用，有时也困惑今后的路该怎么走。"如果真要接掌父亲的事业，她还有很多问题要解决——例如，近代史、现代国情、人文地理、英语等。

据薛蕾介绍，为了锻炼自己方方面面的能力，她已经把液化气站交给下属管理，自己"隐姓埋名"到了市内一家银行打工，当起了一名普通的客户经理。

对于是否接掌父亲的事业，薛蕾的看法则是"取决于父亲的态度"。她说："不管未来我是否会掌管父亲创造的能源帝国，但至少现在我要学会靠自己，我现在不正在试着从最基层做起吗?"

薛蕾说她最大的梦想是过小女人般无忧无虑的生活，但另外，她深知子承父业责无旁贷，她不能退缩。

据薛方全介绍，在重庆民营企业众多的"民企二代"中，薛蕾是"唯一一个因为自己个人原因没到国外留学"的"典型代表"——高中毕业那年，18 岁的薛蕾去新西兰留学，到国外后，她发现自己很难适应，于是在没有取得父亲同意的情况下，自己就跑回了重庆……薛蕾回忆，这样的鲁莽行为，导致了薛氏父女为期半年的冷战。

之后，薛蕾进入重庆师范大学攻读商务管理。2006 年的一天，薛蕾被父亲叫进办公室，"父亲告诉我，毕业了让我自己做生意，经营他在江北黑石子建的一家液化气站。"薛蕾说。

"当时，我非常辛苦。"薛蕾接手时，这个行业竞争已非常激烈，她每天早晨7点就要起床，跑客户、跑市场。半年后，生意逐步走上正轨，月收入达数万元。

"我至今没有让薛蕾在民生能源任职，是因为她还需要好好磨炼，还需要累积足够的企业运作经验。"其父薛方全认为，"不是我有意'为难'她，是因为她在各方面，尤其是'国际管理'方面确实还需要加强。"

薛蕾说："再过两年，民生能源就将成为一个拥有百亿元的公司，以我现在的资历，还需要积累经验，准备好了再接掌。"

第一个"吃螃蟹"者

薛蕾的父亲"民企一代"薛方全创办的重庆民生能源集团的前身，是重庆民生燃气有限公司，成立于1996年，注册资本6000万元，总资产3.8亿元，净资产2.2亿元，是全国第一家独资开发工用民用天然气的跨区域民营企业集团，是集工用民用天然气、CNG、LPG、LNG的开发经营及能源化工为一体的跨区域大型民营企业集团，旗下有二十余家全资子公司（指挥部），并拥有全国最大、功能最全的工用民用燃气输配网络。

集团本着"服务社会、造福于民"的宗旨，秉承"自然和谐，持续发展，创造绿色财富"的理念，以"打造百年民生，建设百亿民生"的战略为指引，依托川渝丰富的天然气资源，致力于西部大开发。集团正在进行的天然气开发工程，是国家光彩事业重点项目，惠及7省（直辖市）。集团除了在天然气输供领域的积极拓展外，正向能源多元化经

营领域进军，努力打造中国民营能源“航母”。

随着企业的不断发展，集团回报社会的力度也不断增强。从1996年至今先后捐资3500余万元现金用于兴办教育、抗洪救灾、科技义演、抗击“非典”、济困助学、敬老助残等社会公益和慈善事业。2007年出资6000万元设立“民生思源慈善基金”，以建立慈善公益事业的长效捐助机制，为和谐社会建设作出最大努力。

刚诞生的民生燃气已经走上了正规化、规模化发展道路，事业蒸蒸日上，再加上企业创始者薛方全的慷慨大方，把解决民生问题作为公司的首要目标，积极响应党和政府的各项号召，知名度也随着企业发展壮大不断攀升。

在重庆市委、市政府组织的“老板进山扶贫”活动中，薛方全来到了石柱。石柱土家族自治县位于重庆市东部长江南岸，三峡库区腹心地带，是三峡库区唯一的少数民族自治县。此外，他还了解到当地政府从1975年起就计划修管道、推广民用天然气，但由于缺乏资金，工程迟迟没有启动。

当时，民营资本经营天然气尚属空白，但国家也并没有明文禁止。经多方选择，反复论证，两个月后，薛方全决定进军天然气开发项目，成为第一个“吃螃蟹”者。同时，他也把这个经济效益与社会效益并重的想法形成了具体方案，上报到了市有关部门，请求政府的支持。

很快，薛方全的方案得到了国家发展和改革委员会的批准。1997年，民生燃气与石柱县政府签订了民用天然气开发合同，此举开全国民营企业涉足天然气行业之先河。1999年2月，仅用了10个月时间，从建南气田到石柱县城70多公里的输气管线和城内管网就铺通了，且一次点火成功，一次运行正常，一次验收合格。目前民生石柱天然气公司已发展用户2万多户，使地处大山深处的石柱人民用上了清洁卫生和方便高效的天然气，实现了石柱历届县委、县政府的夙愿，被当地老百姓誉为“德政工程”、“光彩工程”和“环保工程”。

在石柱天然气工程建设中，薛方全共向当地捐助了40余万元，用于发展教育等公益事业，石柱民生天然气公司解决了三峡库区淹没企业下岗职工和农村移民60多人的就业问题。同时由于天然气的使用，每年少烧柴火林木2000多立方米，减少了空气污染，环保概念逐渐深入人心，工程本身也得到了当地县委、县政府和金融部门的大力支持，取得了经济效益和社会效益双丰收。

1999年7月，薛方全投资1.2亿元启动了湖北省恩施天然气管网工程。工程于2000年10月建成，2001年1月开始供气，从而让欠发达地区的恩施人民在全省率先用上了天然气。天然气的普及，使环保观念深入人心，空气污染状况明显改善。此举让人们告别了烧柴烧煤时代，多少兄弟姐妹为此欣喜不已……

是的，只有把事业的核心无限贴近民心，从民众的迫切需要出发，以造福民众为归宿点，才能达到经济效益与社会效益的高度统一。一个企业，也才能获得民众的力量，被时代、被人们所铭记！

在接下来的几年时间，铺通了从湖北到渝东南地区的燃气大动脉，利川、咸丰、宣恩、黔江、龙山，武隆、秀山、酉阳天然气工程相继建成投入运营。在企业今后的发展规划中，投资重点依然放在了经济不发达的少数民族地区和山区。集团实力不断发展壮大，已成为总资产超50亿元，年利税超亿元以上的大型民营企业。近年来连续入选"重庆市民营企业五十强"。

关民生者方胜全局

自古有"民为重，社稷次之，君为轻"，有"关注民生乃胜券天下"之说。一言蔽之，谁掌握了"民生"，谁就战胜了全局，拥有了天下。

为百姓造福，为民众干实事，这才是一个企业最大的财富，也是一个企业构建核心竞争力的根本。薛方全把捐赠财富作为回报社会、关切民生的重要责任。薛方全捐赠的动机或许就是基于对财富的理解，他说，企业的利润来自于社会，就要回报社会。“你这个公司赚到了很多钱，不应该全部让职工或自己享受了。”他在一个演讲中提到，消灭贫困、消灭饥饿才是企业存在的更高层次的价值。

从创立至今，企业一共向社会捐赠了现金5700余万元，并出资6000万元成立民生思源慈善基金。薛方全认为，“这是最值得欣慰的事情”。他的慷慨在近几年的经营中也得到了社会的回馈，慈善事业对企业的经营起到了推动作用，也为他带来了良好的公众形象，公司树立了形象和品牌。

同时，集团竭尽所能投身于“扩大就业，促进再就业”工作，积极主动地为贫困地区政府分忧，替社会解难。到目前为止，集团已吸纳下岗职工860余人，占集团员工总数的50%以上，获得社会广泛赞誉，并多次受到各级政府表彰。

薛方全先后获得了中国光彩事业促进会颁发的“中国光彩事业奖章”；被全国工商联、全国总工会评为“关爱员工的民营企业家”；连年被重庆市委、市政府授予“重庆市非公有制经济人士优秀社会主义事业建设者”称号；被中华慈善总会授予“中华慈善人物”和“中华慈善之星”称号；2011年1月被重庆市委、市政府授予“振兴重庆争光贡献奖”。

薛方全还说，把社会责任与经济效益有机统一，真正为社会作贡献，为民众谋福祉，才能不断扩展市场，做大做强。

近年，天然气的出厂价格上调了3次，民生能源天然气的进价累计上涨幅度达19.85%。但是，恩施民生公司直到2011年才根据国家政策小幅上调气价，坚持让利于民。到目前，民生公司在恩施土家族苗族自治州的供气价格仍比武汉市民用气价格低1元多，企业处于保本经营状态。据测算，恩施民生公司为此让利 2300 多万元，相当于为恩施每家用户补贴 1400 元。

“人心所向就是市场，人心所聚就是财富。”薛方全这样说，“财富只是一个符号，不是拿来炫耀的，当财富达到一定程度后，人的快乐也不会因财富的增长而增长。重要的是服务社会，回报社会。”“企业是社会的组成元素，企业的成长离不开社会的支持与帮助，当企业长大以后，企业就应该尽可能地尽最大努力为社会的发展，为各族人民的幸福生活作出最大的贡献。”

从白手起家到三个跨越

10 多年间，薛方全白手起家，成功地实现了三个跨越：从农家娃到企业家，从一家小店到一个跨区域集团，从身无分文到每年向社会捐赠数百万元。

在薛方全的眼里，自己做的是一件再平常不过的事：创业—发展—回报社会。

在石柱、武隆等地的老百姓眼里，薛方全做的是一件造福四乡的事：他让千万个家庭做饭时不再需要生火烧煤，而是用上了天然气。

在企业家眼里，薛方全做的是一件艰难的事：自己架管道，输供给老百姓天然气，创办全国第一家进入管道天然气行业的民营企业。

这是一个百折不挠的重庆男人和一家在夹缝中壮大的企业的故事——这个故事始于 20 世纪 90 年代初。他误打误撞，掘得“第一桶金”。

出生在璧山县正兴镇的薛方全是个地道的农家娃，从 9 岁开始，他就打着赤脚给家里背柴背煤，一走就是几十公里。

长大成人后，他和很多不安分的人一样，做起了小生意，为的是养家糊口。

1991 年，大城市的千家万户都已经用上了天然气，而薛方全的老家做饭依然靠烧煤。儿时肩挑背磨的记忆让薛方全的生意方向逐渐明晰：开一家小店，卖罐装液化气。

薛方全用自己做生意攒下的积蓄和从亲戚朋友那里借来的 2.5 万元作为启动资金，在租下一个当街店面后，剩下的钱就只够买几个气罐了。

没有营业执照，他只能挂靠在当地一家政府办的企业。没有多余的周转资金，薛方全唯一管用的就是自己做小生意时得来的良好信誉——供货方和运输方都同意先做买卖后付款。让薛方全万分惊喜的是，罐装液化气店正常运行一个星期后就给他带来一个天文数字般的营业额——60 万元！

富起来的薛方全在当地开始小有名气。没想到树大招风，引来了不少眼红的人，他挂靠的单位也隔三差五地来检查账目，生意发展受到限制。1996 年，薛方全与原来挂靠的单位脱钩，成立了民生燃气公司，注册资金 300 万元。从此，薛方全开始了他单打独斗的创业生涯。

就像每个传奇人物故事中讲述的那样，成功的开始往往伴随着幸运，薛方全“第一桶金”的幸运之处在于他在正确的时间、正确的地点选择了正确的生意方向。

绝处逢生开拓一个新领域。“与民共生存”就是“民生”的来源，“家家户户都要做饭，解决做饭用的燃料问题其实不是一件小事”。

1997 年，重庆成为直辖市，成立不久的民生燃气已经走上了正规化、规模化的发展道路，主要从事液化石油气的运输、储存、分装和批发零售业务。薛方全的知名度随着企业的发展壮大不断攀升。

在市委、市政府组织的“老板进山扶贫”活动中，薛方全来到了石柱。在这里，他了解到当地从 1975 年起就计划修管道、推广民用天然气，但由于缺乏资金，工程迟迟没有启动。

"我为什么不帮助他们完成这个夙愿?"说干就干，薛方全决定从中石化手中购买天然气，自己架设管道，输气到石柱。这项工程的总投资需要4000多万元，这对才成立一年的民生燃气来说，是一个几乎"不可能完成的任务"。

在银行贷款无门、其他融资渠道也不畅通的情况下，薛方全只能铤而走险，高息向民间融资机构借钱。

没想到，很快开始清理"三金三乱"，薛方全需要提前偿还他的800万元借款，架设管道工程被迫停下来。"当时我还上了9天的学习班，很多人以为我被抓了，于是工地上乱了套，抢设备、抢材料……"薛方全动员了所有的亲戚朋友四处借钱，终于在一周之内筹集到180万元，偿还了部分债务，但正在进行中的工程因此损失了600万元。

挺过了这一劫后，薛方全的愿望达成了——1999年2月，石柱民生天然气工程点火成功，薛方全成为国内第一个跻身管道天然气行业的民营企业家。

执着，是一个成功的企业家在大风大浪中搏击时最需要的品质。薛方全破釜沉舟的勇气和在逆境中的执着，是他能够在遭遇"摧毁性的打击"时稳住阵脚的主要原因。

稳扎稳打为了"双百"梦想，有了一个成功的模式，就可以复制。

2005年年底，薛方全的世纪民生能源（集团）有限公司成立。此时他已经拥有10多家全资天然气子公司，管网1500余公里，延伸到黔江、武隆（即重庆的东南地区），还在四川、湖北、湖南、贵州、新疆、青海等省（自治区）的边远地区进行天然气开发工程。而薛方全的产业系列化发展战略也正在实施：位于江北的民生气站实现年销售收入2000万元以上；位于黔江的CNG加气站破土动工；位于璧山、垫江的天然气液化处理厂处于建设中……2010年，他的世纪民生集团实现年销售收入45亿元。

2012年的七件民生大事

“民企二代”的薛蕾，作为女儿，对于“民企一代”薛方全的脉搏摸得很准，对于重庆民生能源集团的一举一动，她都了如指掌。据薛蕾介绍，重庆民生能源集团2012年为老百姓办了七件民生大事。

第一件：投入27亿元资金，打造本质安全矿井。煤矿最大的民生是保障职工的安全和健康。重庆民生能源集团将在3年内，累计投入27亿元，打造本质安全型矿井。集中投入采掘部署、一通三防、机电运输、水患防治、救护专业、危岩治理和“十项安全装备”（人员定位系统、集团瓦斯监控大网络、井下应急避难室、物探仪、瓦斯实验室、钻孔施工视频监控系统、“三专两闭”锁及采区双电源、防跑崩风筒、斜坡车场及上下车地点视频监控和自救器）以及煤矿“六大系统建设”。

第二件：投入6亿元资金补助棚户区改造，改善矿区居民的居住环境。棚户区改造是改善民生的重要举措，按照“统筹规划、统一配置、因地制宜、拆旧建新”的原则，在市政府的主导下，重庆民生能源集团将补助6亿元，对四大矿业公司5万余户240万平方米的棚户区进行改造。

第三件：实施基层工人万元增收工程，切实提高工人的劳动收入水平。认真贯彻落实黄奇帆市长来集团视察的讲话精神，加快集团安全发展、和谐发展、开放发展和跨越发展的步伐，到2012年在实现500亿元资产总额、300亿元营业收入的基础上，努力提高基层工人的劳动收入水平，到2012年，实现基层工人人均增收1万元左右。

第四件：落实1000万元帮扶基金，切实解决困难职工群体的燃眉之急。进一步加大扶贫帮困力度，在按在册职工人均不低于100元的标准提足帮扶资金的基础上，各级工会也要挤出资金，确保每年落实1000万元扶贫帮困资金，对职工生活困难、遭遇自然灾难、身患严重疾病、子女上学困难等情况尽力帮扶。

第五件：大力改善职工的生活设施和环境，提升职工的生活质量。各单位要把创办优质、便捷的职工食堂作为一件大事，定期检查落实，保证单身职工24小时都能吃上优质的饭菜。要加大对职工澡堂的改造和设备设施的升级，达到冬暖夏凉的标准。单工宿舍要全部安装空调设备。井下职工的班中餐，由企业重新出资，一矿一策，以区队或班组为单位统一组织配送。给每个井下职工配发水壶，在职工上、下班必经之路设立集中供水点，保证井下职工饮水的随时供应。

第六件：改善厂区环境、完善厂区设施、打造文明和谐社区。各单位要加大文体设施建设的投入，对1000人以上的职工集中居住区，要建设一个以上的休闲健身广场。对1000人以上职工集中居住区的职工球场要全部塑胶化；对职工书屋要全部达到市级标准。加大厂（矿）区自用公路的修整力度，加大厂（矿）区绿化、美化、净化的工作力度，着力解决矿区职工摩托车停放难题，使职工能够安全行车，放心停车。

第七件：认真开展"结穷亲"、"大下访"活动，倾听群众心声，解决群众困难。深化"结穷亲"活动，每一名中层及中层以上领导干部要帮扶一户困难职工家庭。每名结对干部每年深入"穷亲"家不少于两次。各子分公司领导班子成员每人每年下访不少于4次，及时化解本单位群众反映的热点、难点问题。为重庆民生能源向"中国西部一流能源控股企业"目标迈进聚心聚力。到2015年，目标将提升到百亿元。她相信，只要稳中求进，这个梦想是能够实现的。

薛蕾说，民生能源集团所从事的事业是一项改善城市环境，提高人民群众生活质量的利民工程。民生能源集团其名称本身蕴含了服务社会，造福于民的宗旨，集团把改造效益的前提定位在发展民族企业，服务于社会这个基调上，是以社会效益为最大利益，以造福于民为集团的落脚点。民生能源集团在服务社会，造福于民的经济运作中，同时创造自身效益，推动企业发展。

正像他们的《民生能源企业之歌》所唱的那样：白云蓝天，绿水青山，应时代需要，酬平生心愿，不怕那崇山的坎坷，何惧那峻岭的遥远。为了环境保持洁静清新，我们用汗水，换来百姓的温暖。蓝色的火焰，将希望点燃，人民的生计牢记心间，我们只有一个地球，岂能让它饱经风寒。民生人，肩负着历史的重任，推动着，推动着，能源革命的永远向前！推动着，推动着，能源革命的永远向前！永远向前！

图书在版编目（CIP）数据

千金握印/程继隆著．—北京：中国社会出版社，2013.4
（女“民企二代”接班传奇③）

ISBN 978－7－5087－4406－3

Ⅰ.①千…　Ⅱ.①程…　Ⅲ.①民营企业—企业经营管理—研究—中国　Ⅳ.①F279.245

中国版本图书馆 CIP 数据核字（2013）第 072658 号

书　　名：千金握印——女“民企二代”接班传奇③
著　　者：程继隆
责任编辑：薛丽仙

出版发行：中国社会出版社　　**邮政编码**：100032
通联方法：北京市西城区二龙路甲 33 号
电话：编辑部：（010）66082098
邮购部：（010）66060275
销售部：（010）66080300　传真：（010）66051713
（010）66051698　传真：（010）66080880
（010）66080360　（010）66063678
网　　址：www.shcbs.com.cn
经　　销：各地新华书店

印刷装订：中国电影出版社印刷厂
开　　本：165mm×235mm　1/16
印　　张：12.25
字　　数：185 千字
版　　次：2013 年 7 月第 1 版
印　　次：2013 年 7 月第 1 次印刷
定　　价：25.00 元